講話集5

いい時に生まれた

五井昌久

白光出版

著　　者（1916～1980）

講話集　刊行にあたって

五井昌久先生は、昭和三十年代から昭和五十年代初めにかけて、千葉県市川市の新田道場や聖ヶ丘道場（当時）をはじめ、さまざまな場所で講話会を開かれ、人々に生きる勇気と感銘を与えてこられました。

本書は、そうした五井先生の講話のうち、機関誌や書籍に発表されていなかったものを時系列にまとめたもので、これがシリーズ第五集目となります。

お話はたいてい質問に答えてなさったもので、日常の身近な問題から、ひろく世界の平和や宇宙の問題、霊界や死後の生活のこと、永遠の生命のこと、霊性開発という本質的な問題、またご自分のことなど、極めて親切に、分かりやすく、また面白く説いてくださっています。それらを通して、人間とは何か、いかにして自由無礙の心に至れるかを知ることが出来ます。

そのような自由無礙の生き方を誰しもが出来る日を、五井先生は天界で待っておられるに違いありません。

平成二十七年八月

編集部

目次

講話集5

いい時に生まれた

おばあさんへの話

（昭和35年頃）

近頃は、お姑《しゅうとめ》さんはお嫁さんに気がねし、お嫁さんはお姑さんに気がねしないんだ。大体昔と反対になって、おばあさんになると小さくなって、まるで穴の中に入りたいような恰好《かっこう》をしているおばあさんがいます。けれど八十過ぎちゃったら、耳だって聞こえませんから、留守番も出来ません。お嫁さんに叱られると、自分が悪いと思って自分を責める。お年寄になったら留守番など出来ないのは当たり前なんだから、そんなことで自分を責めることはありません。

だから、お年寄になったら祈り一念で生きて、この世を一遍捨てちゃうこと。この世の生活を捨てまして、神様の世界に入ってしまうんですよ。どうせ長く百何十才まで生きないんだから、いいかげんなところで神様は引きとってくださいます。本当に祈っていればそのままスーッといい所へ行っちゃいますよ。

この世の生活の最高よりも、あの世の生活のほうがズーッといいんです。守護神(注1)がそのまま肉体に降りてくるとします。よほど強い守護神でも肉体をまとったら力がすごく落ちるのです。なぜかというと、肉体の波動というのは粗《あら》い波動です。その粗い波動の世界に入ってくるんだから、水泳の達人でも重い潜水服を着たら泳げないのと同じように、肉体界では働きがなかなか充分に出来ないのです。だから肉体をまとっていて、守護神クラスの働きが出来たら、それは大変な人なんです。

まして普通の人は、肉体をまとってそんなにうまく生活できません。だから肉体をまとっていても一生懸命やってさえいたら、一生懸命の行為が霊界に続いているわけです。肉体を脱ぐと今度はカラッと裸になるんだから、身軽になってもう自由自在に働けます。

だからこの世で、肉体世界で思うようにならなくても——ただいいことをしなければダメですよ。おじいさんおばあさんになると、この世の中であまり大したことは出来ないという人がいます。けれど世界平和の祈りをしていますと、その祈りのひびきにのって、肉体を離れた時はパーッといい所へ行くんです。だから、この世の中であまりいいことは出来ない人でも、悲観することはありません。世界平和の祈りだけ祈っていればいいんです。これはおばあさんへの話ですよ。

神様が産んでくださる

昔よりも今のほうがお乳の張り方が悪いんですってね。それは当たり前なんですよ。どうしてかというと、昔の人はすべてまかしているからです。赤ちゃんを産むのは当たり前だ、なんでも当然なことと受け、神様から頂くというのが知らないうちに心の中にあって、自然な姿で赤ちゃんを産んでいるわけです。今の人たちは、医学が発達しているから、栄養がどうとか、こういう状態はこういうことだとか、脅迫観念を、いろいろな本や新聞、テレビで植えつけられるわけです。だから自意識が過剰になってしまって、精神が潤滑《じゅんかつ》に動かないんですよ。それでお乳の出が悪くなったりするんです。

自分で産むんじゃなくて、産まされるんです。神様が産んでくださるんであって、自分で産めるはずがありません。自分で赤ん坊の体をつくるわけでもないし、守護神さんや大生命が働いてくださる。それがまだ分かっていないのです。常に神様に守られているんだ。神様につながっているんだ、ということが分からないと、なかなか人間は安心して生きられないのです。

私は母親が赤ん坊に乳を与えている姿ほど美しいものはないと思っています。近頃はそういう姿を見たことがないですね。母親の乳房から飲むお乳が一番赤ん坊にはいいわけなんです。

世の中は変わってゆきます。小学校から大学まで変わっています。まず先生が生徒に頭を下げて、生徒が先生を脅迫しています。この間私が驚いたのは、東大の教授一人を囲んで、学生がみんな覆面をしている。何十人の覆面の学生が談判《だんぱん》している。悪いこと、強盗をしているわけじゃないのに、覆面をすることはないでしょう。顔を晒して世の中を渡れないような人はダメですよ。

現代は、母親のお腹にいる時から、赤ちゃんの時から、そして小学校、中学校、高校、大学、みんな少し片寄りすぎているところがあります。自分を出す、ということは悪くないんです。しかし、その出し方が自分の自我欲望を出すのでは困る。自分の本心を出すことを学校で教えてくれれば。

自己主張して自分を出すことはいいでしょう。ところが、自我欲望のほうが多く出てしまうことになる。自分のことだけしか考えない、人のことは考えない。目上を尊敬するなんていうことは考えていません。目上なんてないのです。立てるべきものを立てない。頭が下になって足が上になった状態です。

そこで、私はやっぱり、小学校からの教育が大切だと思う。その根本的な改革をしなければ、この世の中は普通ではよくならないでしょう。

せめて、自分と自分の周りの子どもだけでもいい。いい子どもに育てるよう皆さんが祈ることです。それが広がってゆけば、日本中に広まっていきます。あまり大きなことを考えなくてもいいから、まず、自分の身の周りの人から始めていきましょう。そうしてゆくと一般的にもよくなっていきます。

真の平和運動は初めから平和

私の書きました『釈迦とその弟子』（『小説阿難』）の中に、閃婆《せんば》という釈迦族の勇士の話が出てきます。お釈迦様の国では、教えが行き渡っていて、暴力に対しては無抵抗、それで戦争となった時、みんな戦争をしないでやられて亡びてしまうのです。その中で勇士閃婆が一人縦横無尽に荒れ狂って、すごい働きをします。そして敵の囲みを破って逃げのびてゆきますが、その途中でお釈迦様に会います。お釈迦様は彼を褒めて爪を与えます。

お釈迦様は平和主義者だし、殺生戒《せっしょうかい》を説いて戦争など絶対反対です。戦っちゃいけないと教えています。そんなお釈迦様なのに、さんざん戦い、人を殺してきた閃婆をなぜ褒めたのか。そういう質問が来ます。それはどういうことかというと、臆病ではなくて、自分の立場を生かしたからなのです。閃婆は軍人です。軍人が戦争はいやだ、といって逃げていたんじゃ本分が尽くせない、立場を生かしていません。戦争そのものは悪いけども、軍人が軍人の本分を尽くすことはいいことなんです。その置かれた環境立場を一生懸命生きること、尽くすことはいいことなんですよ。

たとえば、大きな意味でいえば、牛や豚を殺すことはいけませんね。生命あるものですから。そうすると牛を殺し豚を殺して売っている肉屋さんは、悪いことをしていることになってしまいます。ところがその肉を食べて栄養になっています（現代栄養学では）。もっと人間が進化すれば肉を食べることなど必要なくなりますが、今の世界では、肉を供給することは悪いことじゃない。ところが殺生してはいけない、と聞いた商売屋さんは、潜在意識の中では肉を売ったりすることは悪いと思っている。けれど、そこはそう思わないで、人類の栄養のために自分は商売しているんだ、もっと深くいえば、この牛さん、この豚さんの天命が完うされますように、どうか人間の肉体に昇化して成仏しますように、と祈りながら、屠殺し、そして牛や豚の肉を売れば、その肉は生きます。

そのように、あらゆる環境、あらゆる所で真剣に生きる、力を尽くさなければいけない。愛を行じる、そういうことがいいんです。そういう意味で閃婆は戦争をしたけれども、軍人の本分を尽くしたわけですね。そこが問題なのです。

私は軍備を強調していません。徹底した平和論者です。そこでどういうことが言えるかというと、軍備があるから相手が恐れるんじゃないんです。ソ連と甲乙つけがたい軍備があれば恐れるでしょう。ところが現在の日本では無理なことです。出来ないことです。ですから日本はいくら軍備をしても相手は恐れはしません。何が恐いかというと、国民の一致団結、国民が国を守ろうという心に結集したら、これほど恐いものはないのです。それを私がいつも言うんです。

平和の祈りに結集して、日本人全部は平和を守るんだと結集したら、外敵は入ってこられない。ソ連や北朝鮮などは日本を狙っているんです。その時、日本人全部が平和の祈りに結集していたら入るに入れません。また世界に同志がいっぱいいますからね。波動が違うから入るに入れないのです。そこで私は祈りによる平和運動を進めているのです。皆さんも一生懸命やってくれているわけです。

ところがうちでは私の性質がそうなんですけれども、無理やりに本を買えとか、無理やりに入れとか言いませんね。ですから普通の会みたいに増えない、でも質はよくなってきています。一番増え広がらなければならない団体が他のように増えないんですね。それは不思議なもので、なぜかというと、雑草は生えやすいんですけど、上等なものはなかなか増えない（笑）。上等なものが増えるような方法を考えてください。

上等な質のよいものが増えないと、この世界はよくなりません。人の土地に入ってきて、自分の言うことをきかせようとするのは気違いですよ。気違いは病院に入れなきゃ困ります。それを治すためには、大勢の良識ある人の力が一致団結しなければダメです。それが本当の意味の平和運動なんです。相手をやっつけちゃおう、というそんなものは平和運動でありっこない。

真の平和運動は初めから平和なのです。平和の国が出来なければ自分が亡びたって、国が亡びたって、地球が亡びたっていいんだ、たとえ地球が亡びたって自分たちは霊界のいい所へ行くんだからいいんだ、というような決意を持ってやることです。肉体の命を惜しがっていたんじゃ本当の平和運動は出来ないんです。けれども奥さん方は、実際に命を投げ出せといったって無理でしょ。私はそんなことは言いません。少しでも一人にでも多く平和の祈りを教えることは大切です。無理無理に入れなんていう必要はありませんが、白光誌をハンドバックに入れておいて、もうその人が本を読みそうな人だったら、こういう本がありますよ、とあげれば、その人が案外熱心になるかもしれない。

折にふれ、縁にふれて会う人がありますね。ですから、ハンドバックのお化粧道具を一つぐらい減らしてもいいから、白光誌を入れておく。そういうことをやりましょう。電車の中で、白光誌を読んでいて、のぞきこむ人があったら「どうぞお持ちになってください」とあげる。それから縁にふれるかもしれない。無理に読みなさい読みなさい、と言わないで、読みそうな人にあげればいいでしょ。何とぞハンドバックに白光誌を（笑）。

白光誌を無理むり買わなければならない、と思うと気が重くなるでしょうが、人にあげて喜ばれたら、また買いたくなりますよ。金額にしたって大したことではないでしょ。そうすれば自分は知らないうちに徳を積んでいるのですからね。真理の書が広まることが一番いいです。

天命を信じて人事を尽くす
―力みと一生懸命は違う―

力みと一生懸命とは違います。念力で始まったものと、おまかせで始まったものでは、初めは念力でどんどん想いが通ってゆくでしょう。ところが先に行ってくたびれてしまう。兎と亀のかけくらべみたいなもので、倦《う》まず弛《たゆ》まず歩いていると、思いもかけない道が開けるのです。それは神様の力なのです。

私が宗教を本当に始めたのは終戦後です。神様に命を投げ出しちゃったでしょ。ただそれだけの話で、頭がいいわけでもなんでもない。ところがズーッと昔から宗教をさんざんやっていた人は、みんな一生懸命やっているんだけれど、何か先にいかない。私は神様、私の命をお使いください、とスパッと中に入ってしまった。

ですからこういうことは天にまかせるのです。天命を信じて人事を尽くす。まかせたところから人事を尽くすんです。まかせることが先なんです。それから一生懸命やる。まかせてから一生懸命やればこれは念力にならない。

私の一番こうなった根本は、素直にまかせたということです、神様に生かされている、神様有難うございます。神様有難うございます、とスーッとまかせた。アッサリとね。まかせてから理屈を言ってはダメなんですよ。まかせたけれど、どうだこうだと条件や理屈がつく。

松雲閣（新田《しんでん》道場）に初めて来た時、私は何もなかった。金はない。ないのにお嫁さんが来ちゃった。来いと言ったら来た。今の家内が（笑）。ところが泊まる所がないんです。家がないのにお嫁さんをもらった。のん気ですね。来るほうも来るほうだし、もらうほうももらうほうでした。着替えも何にもない。よく来たものと思う。今でも頭が上がらない（笑）。そうしましたら午後十一時半頃、相談に人がみえた。借りると約束した人が来ない、どうしましょうか、と言うんです。それなら私が借りましょう。借りるといったって、その時まだ金はないんです。いくらですか、と聞くと二万円ぐらい。ちょうど家内が二万円を持っていた。そこでその晩から泊まる家が出来た。

お金もない、住む家もないのに、スーッとまかしていたら、家が出てきた。そういうものなんですよ。

まかせて死んだら死んだで霊界のいい所へ行きますから、それもまたいい。生きていれば生きているで、それでいい。食べても食べなくても、死んでも生きてもどっちでもいいんです。こんなのん気なことはありませんよ。のん気になったほうがいいですよ。お金でも着るものでも、すべて天から来るのに、自分で作るような気がするんですね。天から来る力でもって自分が動くのです。天から来なくなったら人間は生きていられない。心臓が止まったらどうしようもない。心臓を動かしているのは自分じゃないのです。天から力が入ってくるんですから、まかせるもまかせないもないんですよ。

私の経験としては、すべてをまかせたということでこうなった、ということです。

縁について

袖振りあうも他生の縁といいますね。縁が合わなければその人と会わないし、顔を会わさなくとも同生している。それも縁です。ですから縁があるとかないとかいうのは、縁が薄いか濃いか、深いか浅いかということなんですよ。

その縁にもいい縁と悪い縁とがあるけれど、本当にお祈りしていると、知らぬ間に悪い縁がよい縁に変わってゆくのです。そこでいやな奴に会ったら、それは自分にとって過去世においていやな奴だったんですから、それを解脱してしまうといやな奴でなくなってしまうのです。

私など随分そういうことがありました。私をやっつけてやろう、という人も、会うとみんな親しくなる。来るとみんな仲良くなってしまう。なぜなのかというと、私は何も構えていないから、裸のままで対しているからです。普通の人は言い訳をしてうまく言おうと思っている。私はありのままで、うまく言おうと思わない。人間だからおだてられれば嬉しい。褒められていやがるのはおかしいですよ。嬉しいに決まっている。けなされればいやに決まっている。いやだけれどもそれをいいほうにとって、褒められたら素直に喜べばいいんですよ。それでスッキリしている。そうすればいい。

まかせてしまえば自分がよくなる

なくて七癖と言いますが、いろいろなくせが人間にはあります。それは自分で直そうと思っても、なかなか直らないです。人間の潜在意識の中には過去世の想いがみんな録音されていて、それが一つ一つくせになって出てくる。ですから言いかえれば、くせというのは録音ですから、過去世の録音をかけたままで直そうとしても、それは直せるものではない。その録音テープに違うものを吹きこまなければ、前のものは消えない。新しく吹きこめば消えるのです。そこで平和の祈りがあるんですよ。想いを空《から》っぽにする。空っぽに転換するためにどうするか。

短期なら短気を直そうとして抑える。それもやらないよりはいいでしょう。人に迷惑をかけないんですから。しかし、それはなくなってしまったのではなく、録音をちょっと止めただけです。ですからかえって、反動的にバーッと出てくる。そこでどうするかというと、自分の肉体の想いでやるんじゃなくて、守護霊守護神(注2)にやってもらう。そうすると、守護霊守護神は光を出して新しく録音してくれるのです。そうするとくせが消えてゆく。

お祈りすると、光がズーッと潜在意識に入っていって、前の世からのものが消されてゆく。自分で消そうと思ってもダメです。今までの修養だと自分で消そうとするんだけれど、余程上根の人ならば消せるけれど、ふつうの人では消せないんです。

歯ぎしりとか寝言というのは、やはりくせで、眠っている間にそういう形になって消されてゆくこともあるんです。ですから眠る時、私たちの天命が完うされますように、と祈って眠ったほうがいいです。まかせてしまう。すると守護霊守護神がくせをうまく消してくれます。

肉体の人間はくせの固まりのようなものですけれども、それをなくすために祈りがあるのです。祈りを何でもなさそうにやっていますけれども、これは科学的なやり方なんです。神様のみ心と自分が一つになった想いが出てくるのですからね。

たとえば、愛さなきゃならないんだ、ならないんだ、と思っても世間体があったりしてなれない。それが祈っていますと、素直に出来るのです。やろうと思ったらスーッと何気なくやれる。わざわざ力んでやるんじゃなくて、損も得もなくやれるようになるんです。神のみ心を何気なくやれるようになるんです。それには祈りを通さなければなれないのです。祈りでもって神様のみ心の中に入ってしまうことなのです。

祈ってあげること

くせというのは、口で注意しても直らないことがあります。その時は、子どもなどの場合は、寝てしまってから、子どもの枕元で、この子の天命が完うされますように、と祈ってあげることです。あるいは祈りながら注意してやればいいんです。ご主人の場合、奥さんの場合は、大人は自分でよく知り過ぎているのですから、口で注意したらよけい反発してくるでしょう。口で言うより行ないで示す。祈りながら行ないで優しくする。こんなに女房が優しいんだから、これは直さなければ、というように向こうの仏心を起こさせるようにするんです。女房が立派になれば夫も立派にならなければ釣合いがとれません。せっかく夫が立派になろうとしているのに、お説教したら、なんだこのヤロウ、と思われちゃう。あまり男には説教は向かないと思います。夫の場合は、黙って本を置いて、知らん顔をしていることです。機縁が熟すれば読んでくれます。近くに住んでいても、縁がなければつながらない。遠くにいても、外国にいても、心がつながっていれば、自然に形に現われてきます。心の問題ですね。心をそこによせて、行ないで示せばいい。

自分がしてもらいたくないことがあれば、人にしない。ただ相手の心の中に入ってゆく。そうすると相手が自分の自由になる。それを心が離れていて、お説教ばかりしていたんでは、人の言うことを聞いてはくれません。

当たり前がいい

私がいつも思うのは、宗教的になりますと、どうしてか当たり前のつきあいが出来ない人が出てくる。これは困ります。今日は天気がよいとか、映画がよかったとか、そうした当たり前の交際がいやになってくる。宗教的なことが分かりながらも、しかも地上界でもちゃんとおつき合いが出来るようにならなければいけません。

疲れすぎている人へ

また、あまり疲れすぎて、エネルギーがなくなってしまうような時がありますね。そういう時は、落語とか漫才とか、おもしろい話を聞いたりして、休むことです。いつも気分が平らかということはなかなかない。それが出来れば偉い人です。達人です。大体の人が調子のいい時はうんとよく、調子の悪い時はうんと悪く、ガタガタと落ちるとかやっていますが、波が大きいのも、信仰が深くなるにつれていい悪いの差、波の上下の差がだんだん少なくなります。

神棚や仏壇について

親が神棚や仏壇をまつっていたら、一緒に世界平和の祈り(注3)をやっていたらいいのです。みんなの調和のためにも、どっちでもいいことはやったらいい。要するに、物質に把われないということは、あってもなくても把われないということです。仏壇や神棚があっても、水もお花も供えないで、くもの巣だらけにしている家があるます。それならいっそないほうがいい。あるならば、お掃除もし、花も水もお灯明《とうみょう》もあげて、ちゃんとやるべきです。

キリストのお役目　吉田松陰のお役目

キリストや吉田松陰のような死に方をする人は、普通の状態で業を消すべきなのに立派でないからそうなったのだ、と言う人がいるそうです。その人は本当のことが分からない人ですね。

わざわざ守護神さんがそうさせるのです。大菩薩として生きている場合、そういう死に方でないと、普通気づかない。そこでわざわざそうさせて、世の人を感激させるわけです。イエスが磔《はりつけ》にならないで平凡に死んだとするならば、あんなにキリスト教は広まらなかったでしょう。イエス様がああいう亡くなり方をした、私たちも一生懸命やらなければ、あの大犠牲の大愛に報いなければならない、と思って、一生懸命、教えを広めたわけです。

ガブリエルかミカエルという大天使、アブラハムやエリヤなどという霊人たちが集まって、イエスの魂と話し合って、相談して大犠牲者にしたんです。それはイエスが出来ていないからではない。そういう天命なのです。自分の業でもって、非業《ひごう》の最期を遂げる人も随分いますけど、イエスのような聖者の場合は、天が仕組んであったのです。

吉田松陰などもそうです。三十そこそこで亡くなったんですね。十七才の時から松下村塾を開き、先生になって子弟を教えていた。ものすごい学問の深さです。吉田松陰がいなければ幕末の維新の大業《たいぎょう》がならなかったくらいです。なぜかというと、松陰の門下から、ずいぶん偉い人が出ていますからね。偉い人を育てあげるのが役目ですから、吉田松陰は短い生涯でいいわけです。ショパンやモーツアルトもシューベルトもみんな若い。三十いくつかになる間にいい音楽をたくさんつくって、若くして死んでしまった。

普通の人が百年も千年もかかるのを、早くやった。三十才や四十才でやってしまった。そういう役目ですよ。それは魂がちゃんと承知しているわけです。

(注1)(注2) 巻末参考資料の168頁参照。

(注3) この祈りは、五井先生と神界との約束事で、この祈りをするところに必ず救世の大光明が輝き、自分が救われるとともに、世界人類の光明化、大調和に絶大なる働きを為します。世界平和の祈りの全文は巻末参考資料の167頁参照。

分かれたものが一つになる

（昭和35年2月25日）
飯田橋・東京割烹女学校にて

イデオロギーよりも祈りで一つに

今日は何をお話ししましょうか。皇太子に赤ちゃんが生まれたことですから、天皇ということについて、少し説明しましょうか。

天皇というのは、日本国の中心として、肉体に現われたのが天皇というのではないのです。霊魂魄《れいこんぱく》（注4）として人間に現われている、その一番の真中にあって、すべてを統一するところの役目を持ったのが、本当の天皇なのです。

昔、人類が始まった頃は、世界が日本という名前で一つだったのです。それが皇子がどこその島にいった、大陸に派遣されていった、というふうに各国に分かれていったのです。

はじめは言葉も一つだったのです。それが皇子たちが各地に行ったことによって、各国民族に分かれ、言葉も分かれていったのです。霊感でみてもそういうことなのです。だから天皇はただ日本国の中心であるというわけではなく、本当は世界の中心になるべきものなのです。

ところが肉体の天皇というものと、霊としての天皇とがちぐはぐになってしまって、本当の天皇の姿が今まで現われていなかった。そこで単なる日本の天皇であったり、あるいは天皇が隠れてしまって、時の幕府が権力を占めて、天皇はまるで置き物になってしまい、天皇が本当の天皇の姿を現わしていなかった。

天皇の光をくもらせていたその曇りとは、どういうものかというと、日本なら日本国民の想い、人類なら人類の間違った想いというものが、すべて業想念になって、天皇であるべき霊のその光を発揮せしめなかった、掩《おお》ってしまって本当の形を現わしていなかった。それが今の昭和の天皇の時代になって、業が消え(注5)てゆく姿として現われ、戦争で負け、国民も苦しい生活をしたりして、今日までに至ったわけなのです。

皇太子が成人して、結婚なさった。

結婚ということでは、いとことか親戚とか血のつながりの近い人とが結婚すると、科学的に子や孫にあまりいい結果が現われない。天皇家もその例にもれず、あまり近親結婚が重なって、血のまじわりの濃い者同士が結婚しているものですから、あまり上等の人が生まれなかった。悪いけれど、本当に上等でなかった。その慣習が皇太子によってピリオドを打たれた。

霊の世界でいえば、みんな肉体があるのですが、肉体的には血のつながりの全く離れた美智子様という人が現われて、結婚なさった。美智子さんが妃になられたことは、日本にとって、世界にとっても大革命なのですよ。

そして今度赤ちゃんが生まれた。この赤ちゃんはまことに日本のホープでもあれば、世界のホープである、ということに自然になるのです。だから私は、男の子が生まれてよかったなァ、よかったよかったと、ひとまず安心しているわけなのです。美智子さんがお嫁さんになった時もそうだけれども、今度赤ちゃんが生まれたことが、非常に明るい楽しいものを、国民のみんなに植えつけ、何か盛り上がってくる喜びというものを感じるのです。ああよかったなァと、私なんか涙ぐましくてしょうがなくなるのですよ。

何か日本の基礎が決まったような、世界の基礎が決まったような、そういう気がするのです。それは画期的なことなのです。

今までの天皇は形に把《とら》われすぎて、皇統連綿とかいう、天皇家という家柄、家族意識というものに把われすぎてしまって、あまりにも近しい者同士で結婚したことは、マイナスだった。それが今まで現われていたのです。言いかえれば、今までの日本の在り方、東洋の在り方というものは、あまりにも形の世界に把われて、形の前の世界、霊の世界のことがまるっきり分かっていない。霊の世界のことは形にみな現われているのだけれども、形だけにしてしまって、霊と関係なしの儀式ばかり行なって、天皇は皇族でなければいけない、その配偶者も皇族や華族でなければいけない、というように家柄というものに把われていた。

そういう間違った想い方が、今ここで破れたわけですよ。だから私は快哉《かいさい》を叫んで、これからいよいよ日本の曙だと思うのですよ。

それで皇太子なり、皇太子のお子さんたちはやがて天皇になる。本当の天皇、立派な天皇に仕上げるにはどうしたらいいか、といいますと、人類の業想念、日本人の業想念という汚れた想いの波を、天皇の身辺、皇太子の身辺、それからお孫さんたちの身辺に近よらせてはいけません。光を汚しますからね。そういうために私たちがいるのです。光を邪魔しないように、光が十分に発揮されて、本当の姿が現われるように、世界平和の祈りをするのですよ。

世界平和の祈りというのは、誰がするかというと、救世の大光明で、守護霊守護神がみんな一堂に集まって、地球世界に神のみ心を現わし、本当の地球世界を創るために結集して、大光明を放っているのです。その大光明をこの地上界に真直ぐ天降らせれば、本当の天皇が生まれ、本当の平和が生まれ、本当の世界人類の姿が生まれるのです。

そのためには、どうしても天皇の周りに、皇太子の周りに、あるいはお孫さんの周りに悪い想いを流しこんではいけません。流れこむのを防ぐために、世界平和の祈りを一生懸命やらなくてはいけない。それが一つの大きな役目です。お孫さんが生まれたから、私はここでハッキリ言っていいと思うのです。

そうすると、あるべきものがあるべき位置につく。今の世界は、頭にあるものが尻《しり》っぽにつき、尻っぽにあるものが頭につき、手であるものが足に、足であるものが手についていているんだ。目茶苦茶なの。足をあげ、手をさげて、頭を横にして生きているのが今の地球世界の姿です。それをお釈迦さまは顚倒夢想《てんどうむそう》している、逆さの想いをして夢を見ている世界が今の世界だというのです。本当に頭が頭につき、目は目に、鼻は鼻につき、手は手、足は足の位置について坐る時、それは本当の世界なのです。

その世界を現わすために、どうしたらいいかというと、誤《あや》まった想いで曇らせているこの世の曇りを祓わなくてはならないのです。赤旗を振ったって、白旗を振ったって、政治がどうだ革命がどうだ、と言ったって、曇りがはらわれるわけではない。そういうのは、戦いの想いだから、かえって曇りを増すだけなのです。

たとえば自分の社会思想がいいとする。自分の政治思想がいいとしても、相手をやっつけ、相手を殴り倒して、自分の思想を押し通そうとするならば、それは闘争心だし、相対的な考えだから業なのです。どんなに自分がいい考えをしていても、相手を殴り倒してやらなければならない、というならば、そこに汚れが出てくる。相手を倒すという憎しみの想いが出る。相対的な想いが出るから、生命《いのち》を分裂させてしまう。それではダメなのです。

この世の中というのはどういう世界か、といいますと、一つの神様の生命が分かれて、いろいろな人間に現われ、そして地上界を創ってゆく。そして地上界を創って、自分の役目が貫徹されると、分かれたものがやがてまた一つになるわけです。そういう姿なのです。生命が一つになって、一つに通い合った時、本当の地上天国が出来るわけです。

生命が一つになるためにはどうしたらいいか、というと、全人類がみな一つの想いのところに結集しなければならない。一つの想いに結集するためにはどうしたらいいか、というと、共産主義がいいのだ、社会主義がいいのだ、いやそうじゃない民主主義がいいのだ、何々主義がいいのだと言って、いろいろな主義が現われれば、それがどんなにいい主義であろうと、どんなにいい方法であろうと、一つの主義、イデオロギーとすれば、それは相対的になるのです。片方ではこの主義がいい、片方ではこの主義がいい、主義と主義、イデオロギーとイデオロギーの対立になって、どうしてもぶつかります。片方がいいにしても、片方が譲《ゆず》りません。イデオロギーでは譲りません。

何が一体、人間の心を一つにするか。やっぱりそれは祈りでなければならない。自分の生命をそのまま現わす方法。しかも世界平和を願う想い。これは誰も反対しない。共産主義のイデオロギーを持っていようと、社会主義であろうと、民主主義のイデオロギーであろうと、どんなイデオロギーでもみんなが世界平和を目ざしているわけです。

形の上で偽《にせ》ものであっても、表面は「世界の平和のために、私はこうやるのだ」といって、みんないろいろなイデオロギーを持ってくるわけなのです。それでイデオロギーが表面に出て、オレは共産主義だ、オレは社会主義だとやれば、それはもう対立してしまうわけです。ところが世界平和の祈り、ということになって、真向かう微塵《みじん》に、世界平和が表面に出ていますと、これに対して反抗することは誰も出来ないのですよ。

世界平和は錦《にしき》の御旗《みはた》みたいなもので、世界平和の祈り！　というと誰も「そんなことは」と言えないのです。誰も彼もが抵抗なく、反抗なく寄ってこられるのは、世界平和の祈りの他にないのです。他の言葉でいくらやっても、また違う言葉を言うからね。

「神の光流れる……」と言ったら「仏の光だ、仏の光のはずだ」と言うかもしれない。「いやそうじゃない。キリストの御名を現わすのだ」と言うでしょう。どういう言い方でもダメなのです。それで私は世界平和の祈り一本、真向かう微塵に、単純率直に、世界平和の祈りと出してしまったのです。

世界人類が平和でありますように

実に当たり前の言葉。

日本が平和でありますように

当たり前の言葉。

私たちの天命が完《まっと》うされますように

当たり前の言葉。

それに守護霊さん守護神さん有難うございます、という感謝の言葉を加えたわけです。

真理の言葉は光

コトバは即ち神なりき、と言って、言葉というのは神であり、そのまま光なのです。真理の言葉は光なのですよ。

ところが「バカヤロー」という言葉は業想念の言葉。「あのヤロー憎らしい、死んじまえ」これも業想念の言葉。世界人類が平和でありますように、と言う時には、平和を願う想いがある。人類の平和を願う広い広い大愛、いわゆる人類愛の言葉です。愛の言葉は即ち光なのです。世界人類が平和でありますように、という時には、言葉は即ち光になって、神のみ心になって、宇宙に流れるのですよ。人間の想いは波なのです。

人間はみなこう形に現われているけれども、みんなの心は波が寄っているのです。それで憎しみの多い人は憎しみの多い波を持っている。そうすると、憎しみの多い波が、ここにぶつかってきて、お互いが憎み合うのです。あるいは妬《ねた》み深いものがあるとする。妬みの想いをもってぶつかる。同じ波は同じところを流れているから、ぶつかる。同じところを流れているから、また同じグループになるわけです。

皆さんは世界平和の祈りをするためにここに集まってきている。祈りの統一(注6)をするために集まっている。世界平和の祈りというのは、高い高い高度なそして微妙な人類愛の想いの中に、すでに皆さんは入っている。世界平和の祈りをしよう、と思っている時には、世界平和の祈りという、高い高い人類の希望、大愛の光の中に入っているわけです。そういう波に皆さんは合うわけです。

お互いに体がはなれていても、皆さんは世界平和の祈りという祈り言葉によって、一つに結ばれて光の輪になっている。その光はどこから来ているかというと、救世の大光明の中から来ている。皆さんが二人寄り三人寄り、五人寄り十人寄って世界平和の祈りをしている時には、光になって、救世の大光明の中に吸い込まれてゆくわけです。そうすると、その人たちの体は神様の光と化している。変わってしまっているわけです。世界平和の祈りをしている時には、その人たちは神の子の姿をそのまま現わしている、ということになるのです。

一人が祈り、二人が祈り、十人が百人が祈り、千人ががやり万人ががやり、十万人ががやる。そうすると、祈っている周囲は光に輝いてゆくのです。

日本の中心は天皇ですから、どうしても業が流れてゆく、人類の気持ちが寄ってゆく。天皇や皇太子や皇族に流れていってしまったのでは、どうしても天皇が汚れてしまいます。すると昔と同じようなことをやってしまう。それではいけないので、天皇の周りの人垣になって防ぐわけですよ。それが世界平和の祈りなのです。その先頭をきって、私がやっていますからね。私が全部、業想念を引き受けようと思ってる。それで天皇を本当の天皇たらしめ、世界の中心になさしめ給え、と思うのですよ。

以前は、世界に王室がたくさんありました。だんだんなくなってきて、大きい国であるのはイギリスと日本です。東西に二つしかないです。あとはヨーロッパの小さな国で、大統領とか首相という形にみんな変わってしまったでしょう。天皇という形のものは日本だけです。最小限度に残ってくるわけ。最後に残るのが天皇なのです。これはそういうふうに神様の世界では出来ているのです。だからそうなるに決まっている。

それが今まで曇らされていて、天皇が本当の天皇の姿が出来なくて、人民は人民の本当の姿を現わせなかった。それはなぜかというと、天皇が曇っていたから、天皇自身が曇ったというのではなくて、天皇が国民の想いで曇らされて、天皇の力を発揮できなかった。時の権力者が抑えようとしたり、軍閥《ぐんばつ》が天皇の職権を乱用したり、政府が自分たちの都合のいいように職権を乱用したりした。しかし昭和の戦争で負けてすべてご破算になり、天皇が人間だということになった。

天皇は人間なのです。肉体の人間として他と何ら変わらないですよ。天皇だってご飯を食べるだろうし、便所に行くだろうし、それは当たり前のことです。特別、天皇陛下が雲の上に乗っているわけではありません。私だって雲の上に乗っているわけではありません。ただ中身が違う。

今の天皇を考えてみますと、天皇の中に私心があるでしょうか。ありはしません。全然私心なんてありませんよ。私心があるとするならば、戦争に負けましたね。その時、ふつうの大統領とか皇帝とか首相だと「私は本当は戦争したくなかったけれども、あの大臣がやったんだ」というように、みんな、人の責任にしてしまって、自分はなんとか逃《のが》れたいと思います。ところが日本の天皇はそうではない。「東條が悪いのでもない。誰が悪いのでもない。みな私が命令した。みな私が悪いのだから、私も死刑でもなんでもしてください」と平然とマッカーサーの前に出て行ったでしょう。私心があって、自我欲望があって、自分が救われたいと思えば、そんなことは出来やしませんよ。「私だけが悪いのです」と命を投げ出したでしょう。「みんな私の命令でやったのだから、私の他に悪いものはないのです。国民の罪はみんな私の罪だ」と投げ出すところなどは、まさに救世主です。自分の命を投げ出して十字架にかかる。今まで日本は負けたことはなかった。そんなためしのない天皇なのですよ。自分がはじめてなのですよ。万世一系の祖先からみれば、恥でしょう。非常に恥辱ですよ。誇りがあって、気位が高くて、自我欲望があったら、そんなこと出来ませんよ。

元気な人だったら切腹して死んでしまうか、あるいは逃げてしまうか。ずるかったら逃げてしまう。そんな切腹もしなければ、逃げもしない。「軍閥が悪いんでもない、国民に罪はない。罪は私一人にしてください」と投げ出すところなど、とても普通の人には出来っこない。これはキリストなのです。イエスばかりがキリストではない。

キリストというのは、真理を現わした人ということです。イエスさんは真理を現わした肉体なのです。だからイエス・キリストという。天皇はその時、全くキリストになった。裕仁・キリストになったわけです。それで日本国民一億が救われたわけです。だから天皇というのは恩人なわけです。

戦争を始めたのは天皇ではなく、要するに日本の人民の全想念が戦争をして、消えてゆく姿としてその業を消したわけですよ。天皇の名を借りて業を消したわけです。それで業は消えてしまって、裕仁天皇によって救われたわけです。

さあ今度は、日本人が天皇に恩返しをしなければならない。それをわけのわからない人は「天ちゃんは……」と馬鹿にしている。じっくりと考えてごらんなさい。日本があゝいう状態になって、戦争にならないわけにはいかなかった。あとで戦争しなければよかった、とかなんとか言うけれども、あの雰囲気になってきたら、業の流れが強すぎて、戦争にならなければ収《おさ》まりがつかなかったです。全国民が戦争をしたかった。

何故したかというと、アメリカやイギリスやフランスが経済封鎖をして、貿易を止《と》めてしまう。経済的に日本を圧迫してきたのだからね。だからどうしたって、売られた喧嘩なのだよ、買わなきゃそのまま亡びます。日本が欧米の属国になってしまう。

戦争しなければよかったのかというと、戦争しなければいいのじゃないのだ。戦争しなければならないように、業の流れがそこまで来ていた。分かりますか。日本人の業想念、世界人類の業想念がたまりにたまって、大東亜戦争というものを、しなければならないように出来ていた。それをああしなければよかった、戦争しなくて済んだ、軍閥が悪い、何が悪いのだというけれども、誰も悪いのではありはしない。時代の波にのって、裕仁天皇という立派な人が出たので、今まで積んで積み重ねてきた業想念が、天皇の名を借りて、そこで現われて消えていったのです。

天皇は十字架に磔にかかって、みんな罪をしょって消したわけです。わかりますね。それだから、今度は天皇にご苦労をかけないで、私たち国民が天皇のご苦労分を自分たちが背負わなければいけません。私は真直ぐに自分で背負おうと思っています。私はそれで生まれてきたのです。だから全人類の業想念を全部、私は引き受けようと思っています。それで世界平和の祈りをはじめたわけです。それで世界平和の祈りをしていても、統一指導をしていても、いつでも朝から夜中まで、私には波が襲ってきます。絶え間なく業想念が押し寄せてきます。

この間も五日間ぐらい、腎臓から胃腸から肝臓をカーッと取りまいて、にっちもさっちも動かさないようにしているのです。私はなんのことはない。のん気なことを言ってお浄めをして、仕事なんか休みません。けれど肉体的にいえば、やっぱり苦しいですよ、圧迫するのですから。苦しいけれど、別に弱音も吐かないし、別になんでもないですよ。

皆さんだって、自分の心に弱音を吐かなければ、自分が弱音さえ吐かなければ、どんな業想念が来ても負けることはないのです。弱音を吐くから、気が弱くなるからいけない。気をしっかり神様の中に入れて、世界平和の祈りの中に入れていれば、どんな病気が現われようと、どんな貧乏が現われようと、どんな失敗をしようと、そんなものは一寸我慢していれば消えるのです。一寸の我慢が大切よ。ちょっとの我慢です。それで世界平和の祈りの中に入りつづけていれば、どんな苦しみも消えます。それは私が体験していることであるから事実です。

普通よく業想念の想い、幽的想念を受ける人、霊魂の障《さわ》りを受ける人があります。

一人か二人の想いがついて、よたよたとしてくる。私から見るとこれっぱかりのものよ。「あなた、苦しがっているけれども、灰の一粒にも劣るくらい小さなものですよ」と言うの。それで私が柏手を打って浄めると、直りますね。そんなものぐらいで負けていては困るのですよ。私なんかどれくらい来ているかわからない。霊眼の人が見たらそれは大変なものです。

私のところに来ている人が、みな「五井先生！」と思いますね。そうするとその人ばかりではなく、その人の先祖、その人の親戚縁者、迷った人がみんな私に来る。一人が想ったって何百人という想いが来るわけ。それを何千人何万人の人が想ったら、その倍数の十万人何百万人の業想念が来る。ふつうだったらギャフンとなるところだけれど、私はならないのです。苦しいは苦しいけれど、なんでもありません。

何故なんでもないか、というその秘訣は、自分の想いがない、ということ。一つも難しいことではない。自分の想いがなくなれば、簡単なんです。ところが自分の想いがなくなるということが、ふつうでは簡単ではないのだ。なかなか自分がなくなるわけにはゆきません。いろいろな想いがあります。子どもを学校に入れたいだろうし、職業もうまく働きたいし、金も欲しいだろうし、いろいろな想いがあります。

そこで私はいつも言うのですよ。それはみな消えてゆく姿なのだ、想いがあるままでいいから、世界平和の祈りを中に入れなさい。年中、世界平和の祈りをしていれば、この祈りは神の言葉で、言葉は即ち光で、神のみ心なのだから、大救世主のみ心がそこに輝いているのだから、祈りの中に自分が入っていれば、自分がなくなるではありませんか。大光明に融けちゃうのだから。

「世界人類が平和でありますように」と言う時、自分がありますか?

「日本が平和でありますように」と言う時その中に自分がありますか?

自分がありはしません。なくなっちゃうでしょう。理屈的にも分かりますね。自分の想いというのがなくなる。

自分の生活がよくなりますように、自分の月給が上がりますように、なんていうチャチなことはどちらでもいいのだ。そんなことを思わなくたって、世界人類の平和の中に、自分の想いを入れればよくなる。なぜよくなるのか、それを説明すると――

人間は神の子です。ここ肉体にいながらも、神様の世界で光り輝いているものなのです。それなのに、自分は肉体の人間で、つまらないものだと思いこんでしまった想いが、自分の運命を創っているのだから、神から離れているという想いだけが、その人のマイナスになっているのです。その神様から離れているという想いを、神様に近づけるためにどうしたらいいか、離れた想いは汚れているわけで、その汚れた想いを持ったままで、貧乏も災難も病気も不幸も持ったままで、世界平和の祈りの中に入ってゆけばいい。

世界平和の祈りは神様が集まっている世界、光り輝く世界、自分の本体の世界、その中に自分の本質、直霊（注7）があるわけだから、祈りの中に持ったまま入ってゆく。想いが出たらまた持ったまま入ってゆく。また出たらまた持ったまま入ってゆく。

どんどん入ってゆく。そうするといつの間にか、知らない間に自分の業想念という、マイナスの面が消えてゆくのですよ。「どうか貧乏が直りますように、病気が直りますように」と言わなくたって、そんなものはなくなっちゃうのです。

たとえば薪《まき》を火の中にくべるとします。石炭でもいい。「これが燃えますように」と言わなくなって、黙ってどんどん火の中に入れてゆけば、どんなものも燃えてゆくでしょう。溶鉱炉の中に、これがぜひ燃えますように、と言わなくたって、入れさえすれば燃えるでしょう。それを同じように、構わず文句を言わず、世界平和の祈りの中にどんどん入れてしまえば、溶鉱炉の中に入れるようなもので、みんなパーッと燃え上がります。みんな光り輝くのですよ。

それを普通の人は「世界平和の祈りはやりますよ。やりますけれど、まず私の貧乏を先に直してください」とやるのです。貧乏と世界平和を離してはダメですよ。後生大事に、貧乏をかかえ、病気をかかえて「私が世界平和の祈りをやります。けれど病気のほうを先にしてください」と言う。そう言っている人は世界平和の祈りを実はやっていない。貧乏とか病気とかに入っちゃっている。この貧乏ごと病気ごと迷いごと悩みごと、世界平和の祈りの中に貧乏も病気も悩みも迷いも、持って入ってゆけばいいのですよ。

世界人類が平和でありますように、という時には、貧乏が直りますように、病気が治りますようにも、すでに入っているのですよ。誰だって世界人類の中の一人でしょう。みな動物じゃないのだから、人間なのですから、世界人類の一人なのだから、世界人類が平和でありますように、という時には世界人類の中に入っているのです。

たとえば銀行の金庫に、お金がいっぱいあるとします。自分は十円しか預金しなかったとします。片方は千万円預金したとします。額は違うけれど、預金したことでは同じなのです。金庫の中に自分のお金が入っている。それと同じこと。十円だろうが五円だろうが、いいのですよ。だから自分の想いを、自分の値打ちなんかどうでもいいから、自分がお婆さんだろうが、お爺さんだろうが、なんでもかまわないから、その自分をそのまま、世界平和の祈りの中に入れさえすればいいのです。入れることを年中していれば、入れっきりにしてしまえば、それは神様仏様になっちゃいます。だから自分というものを、想いをそのまま入れてしまえばいいのですよ。

それをいちいち分けている。分けてはダメですよ。たいがい分けている。分けてない人は少ない。せっかく、世界平和の祈りの中に入れなさいと教えているのに分けちゃう。分けないほうがいいですよ。病気も貧乏も不幸も自分の悪い想念も、性格もありますね。短気だとか、いろいろあります。そういうものもいちいち区別せず、分別しないでいいのです。そんなもの構わず、入れてしまうのですよ。それが一番の秘訣です。これは何遍も聞いてください。

分けるのは癖なのです。そもそも神様と自分というものを分けているからね。自分の不幸とか自分の病気とか、悪癖というものは、消えてゆく姿なのですよ。実際はありはしない。煙のようなものです。月にむら雲というように、むら雲という雲はありそうに見えたって、実は無い。むら雲だから、どこかに消えちゃうか、なくなるでしょう。それと同じです。その雲をかかえて、雲といっしょに立っているのだもの。みなそうでしょう。

「業を把えて何になる」というような詩がありましたね。病気として現われて消えようとする、あるいは悪い性質として現われて消えようとする、その消えようとするものを一生懸命摑《つか》んで、業《ごう》を神様だと思っているのだから、神様神様と業を追いかけている。業を摑んで追いかけてどうなるか？　本心や神様から離れますよね。だから摑んで追いかけないで、私は悪いこと言っちゃったなァと思う想い、悪い性質だなァと思う想い、貧乏だなァ病気だなァと思う想いを、思ったら想ったまま、摑んだままそれごと世界平和の祈りの中に入れちゃうのですよ。そうすれば想いは業は消えますよ。簡単な原理です。

真理というのは簡単なのですよ。大蔵経を何百冊読まなければならない。聖書を全部読まなければならない——そんなことはない。そんな面倒くさいことはする必要はないのです。この忙しいのに、そんなことはしていられない。大蔵経を全部読んでごらんなさい。どれくらい時間がかかるか。そんな暇はありゃしませんよ。一頁読むのに一昼夜かかってしまうもの（笑）。そんなことをする必要はない。

大体今まで理屈が多すぎて、あまり書物が多すぎた。それでかえって迷ってしまって、かえって頭だけいい気持ちになっちゃっていた。知識欲が満たされると、いい気持ちになるんですよ。ああこれだけ覚《おぼ》えた、私は偉くなった。でも、実際にはなっていない。地震でもグラッとくると、ワァーと逃げちゃう（笑）。それよりも、神様、五井先生！　と思っている人のほうが、地震が来たって驚かない。ちょっと来ると、「先生！」それで直っちゃう。みな経験があるでしょう。この間も地震があった。本当に信仰があると、神様！　とすがってしまうと、大丈夫なのです。不安がなくなるのです。万巻の書を読んで、釈迦はある時こう言って、ある時はこう言っていた、なんて釈迦の説法を歴史的に調べて歩いたって、そんなもの何にもならない。

相撲だってそうですよ。いくら理屈を教わったって、学生相撲と本職の相撲では全然かなわない。片方はめちゃくちゃに一生懸命やって、つねに練習に練習を積んでいるから、パッパッと変われるのです。理屈だけ憶えた人はかないっこない。鍛えてなければどうにもならない。だから皆さんも心を鍛えておかなければならない。

心を鍛えると言ったって、心はハンマーで叩くわけにはいかない。心を鍛えるということは、習慣をつけるということよ。祈りの習慣をつけること。世界平和の祈りの習慣をつけて、いつでも神様の中に入る習慣をつける。業想念の中に入らない。業想念を持ったままで神様の中に入る練習をするわけ、そうするといつの間にか知らない間に出来ちゃう。

子どもは面白いですよ。小さなやっとものを言うくらいの子が、怪我なら怪我をするでしょう。そうすると私のところに見せにくるの。見ると怪我をしている。私のところに持ってくれば直る、と思っているのです。五井先生に見せれば直る、と確信を持っている。だからパッと直っちゃうのです。イボぐらいパッと取れちゃいますよ。子どもはそういう信念を持っているのです。先生のところに来れば直る、という信念を持っている子は、ここには随分多いですよ。だから子どもに教わっているようなものです。

大人になると、今まで間違った経験をたくさん積んでいるでしょう。その経験が逆になって、あれはちょっとおまけでしょう（笑）。あれは慰めだ、と言っているから直らない。先生がそう言うのだから「そうですか」と言えば直っちゃう。たとえば一人じゃ跳べない川があるとする。どう考えたって一人では跳べない。そういう時に私が「ハイ跳べる、大丈夫」「いや跳べません」「跳べる、私が手を持ってあげるからハイッ」ピュッと跳んでしまうのですよ。ハッと思っているうちに跳ばしてしまうのだ。それを途中で「先生、跳べないよ」と言ったら、落っこちてしまう。うっかりすると私まで落っこちちゃう（笑）。だからしょうがないので、私は手を離して、向こうへ行ってしまう。だから跳べると言ったら跳べると思って、跳べばいいのですよ。なんと言っても素直に、ハイそうですか、と言えばいいのです。

真理に素直であること、明るい希望に素直であること、光明に素直である、ということが人間の救われなのです。

ところがうんと勉強した人はやりにくい。いろいろ仏教の知識がある、キリスト教の知識がある。何々の知識のあるという人は、いちいち面倒くさい、頭で考えるから。いちいちご飯を食べながら、「このカロリーは何カロリー、これを食べれば蛋白質が……」とやっていたら、ひまがかかってしょうがないでしょう。食べてしまえばうまいのですよ。栄養になってしまう。たいがい有り難がって食べれば、それが栄養になってゆくのです。だからあまり理屈を言うようだったら、心臓を自分で調べてみるといい。自分の肺臓、自分の心臓がどうして動くかって。それがわからなかったら、オレは生きないという人は、死んでしまえばいい（笑）。

本当に科学的というのなら、そこまでやらなければダメですよ。自分の心臓を自分で計り、自分の肺臓を自分で計り、自分で息をし、それらを全部やらなければね。それで「ああこれで分かった」と言えばそれは分かったのだけれども、そういうことは分からないなりにしておいて、つまらない自分の楽しみでやっている。だからそういう知識欲というのは悟りの邪魔になるのですよ。

どんな万巻の書も、どんな知識も、神様を分からせるためにあるわけなのです。人間の本体を分かるために、いろいろな学問があって、本体を分からせようとしている。それなのに学問というものに摑まって、片方は分からなくなってしまう。

いつも言うけれど「ああ十五夜の月ですよ、いいですねぇ」という。これは学問ですよね。経験、知識です。「月ですよ、月ですよ」とさす指がないと困るから、さす指がある。そうすると空《そら》の月を見ないのだ。「どれ？　どの月」(笑)。「細い月だなァ」なんて、指ばかり見ている。「あっちですよ」とさす指をまた見てしまう。またこっちだとさすと、その指を見る、さすものばっかり見ていて、天空の月を見ないのですよ。ところが学問もやってないような人は「ああ月ですよ」と言えば、ああと見ちゃう。指を見ないで月を見る。見ればいいのだ。「ああまん丸の月、私の姿はこんなにまん丸か」ということが分かる。そういうことなのです。

だから浪花節調でもいい、落語調でもいい、漫才調でもなんでもいい。本当に本当のものを摑めばいい。漫才を聞きながら涙を流して、心の浄まる人もあるでしょう。浪花節を聞いて、本当にいいなと言って、自分の行ないがあらたまる人もあるのですよ。ところがインテリのような人は「浪花節?」「落語?」とバカにしたように言う。そのくせ自分はナイトクラブなどに行って、へんなジャズを聞いている。なんになるかと思う。そういう恰好をつけてはいけない。恰好などいらないのだよ。本当のものを摑めばいい。

どんな話であろうと、話の中には必ず真理があるのです。それを摑めばいい。摑むのはこちらの心構えです。いつも頭に知識をいっぱい詰めこんで、人の話を入れないような頭にしておいてはいけません。素直に頭を空っぽにして、人の話が入るような頭にしておけば、子どもの言うことでも、年寄りの言うことでも、ああそうだな、真理だな、というふうに思えるわけです。

それではこれで……

（注4）巻末参考資料の168頁、第2図参照。

（注5）消えてゆく姿とは、怒り、憎しみ、嫉妬、不安、恐怖、悲しみなどの感情想念が出てきた時に、それらは新たに生じたのではなく、自分の中にあった悪因縁の感情が、消えてゆくために現われてきたと観ること。その際、世界平和の祈り（注3参照）を祈り、その祈りの持つ大光明の中で消し去る行のことを「消えてゆく姿で世界平和の祈り」といい、この行を続けると、潜在意識が浄化されてゆく。

（注6）統一とは、自己の想念が自己の本心、神のみ心と一つになること。また、そのために行なう行のこと。自己の想念が本心と一つになると、自ずから愛と真と美の正しい行為が自己の日常生活の中に現われてくる。

（注7）巻末参考資料の168頁参照。

守護神さんについて

（昭和35年8月19日）
飯田橋・東京割烹女学校にて

守護神の中にも、より力の強い守護神と弱い守護神がある、と言うとおかしいけれど、要するに光の大きな守護神と光の小さい守護神とがあるわけです。それで私はよく「ああこの人の守護神とてもいいな」と思う場合がある。光が強いわけ。ところが光が強いのに、肉体的にその割にその人が働けなかったり、あまり上等でない場合があるんです。磨けばその人は必ず光る人なんです。磨けば大きな光になるわけね。一方、光が小さい守護神の人もあるわけです。これはこの世ではこれだけの役目で、これだけしかならない。

たとえば総理大臣になる人とならない人は決まっています。二十才ぐらいになれば、この人は総理大臣になるかならないかは、大体見当ついてきます。総理大臣になるというのは、この世の心としてあまりよくなくても善くても、やはり守護神が大きいんです。それでなければそこまでゆかない。一方、きれいでとても良い人で、こんなにいい人世にあるかしら、という人であっても、大きな働きをしないという場合があります。それはやっぱり守護神がそんなに大きくないわけです。だけどきれいに澄んでいるわけです。守護神と分霊とがぴたっとついて、きれいに澄んでいるわけです。だからきれいな良い人です。

ところが大きな守護神であっても、汚れている場合がある。守護神が汚れている人ではありませんよ。分霊のほうの業想念で守護神を汚してしまうわけ。そうすると守護神が十なら十の力が出ないで、半分の力しか出ない。せっかく大きいんだけれども、守護神は立派なのに、この人はまだダメだというものがあるわけです。守護神がいい悪いというのは、やはり過去世の因縁なんですけれどね、そういうふうになっている。

たとえ自分がどんなに小さい生活をしていても、小さい生活というのはおかしいけれど、あまり目立たない生活をしても、きれいに魂を磨いておけば、その人は安心立命して誰から見ても、ああいい人だなァ、と思われるわけ。そうするとその人が今度霊界に行くと、ズーッと上にいって、光がズッと大きく広がってゆくんです。そして生まれ変わってくる場合には、大きな守護神と一緒に働けるようになるわけなんです。

この世の人間の生活というのは、一朝一夕《いっちょういっせき》で出来るのではなくて、たとえば自分が悪い環境にあったということは、やはり前の世の因縁によるのだし、自分が大きく働けなかったということも、前の世のことなんです。だから後《のち》の世のために、やっぱり自分を磨かなければならないんです。今のためにも磨かなければならないし、後の世のために磨かなければならない。後《あと》のことは後のことだ、と言っているうちに、どんどん後《あと》になっちゃうからね。

「今だけ良ければいいんです、後の世の百万円より今の一万円でサァ」と言ってくる人がある。「ぜひ先生、バンバンとお金出してください」とくるんです（笑）。ところがそこで十万円やったら、その十万円を持ったために、かえって百万も千万も借金しちゃうような運命になる場合もあるんです。そういうことが分からないで、「今のうち」とか「後のことはどうでもいい」と言うけれど、時間というものはすぐ経っちゃって、すぐ後《あと》になっちゃうんですよ。借金でも延ばし延ばしにしていると、莫大《ぼうだい》になってくる。悪いことは早くどんどん払っちゃったほうがいいんです。

魂が浄まってきますと、何か悪いこと、間違ったことをしますと、すぐ現われます。すぐ病気になったり、すぐおできが出来たり、すぐどこかを傷めたり、すぐお返しが来ちゃうんですよ。すぐお返しが来た時には、自分は浄まっているものだ、と思って安心しなさい（笑）。うまいでしょう（笑）。

業が深ければ深いほど、なかなかお返しが来ないから、前のがたくさんつまっているから、そういうものなんですよ。だから浄まっていれば浄まっているほど、すぐ現われますよ。何か自分が「しまった！」と思うと、すぐ痛くしたり、そういうふうになるんですね。

机がきれいに拭かれていれば、埃《ほこり》がちょっとあっても気になるでしょう。きれいに掃除した家は、ちょっと汚れても、きたないと思います。そしてすぐ掃除します。それと同じように、うんと積もっていれば分かりはしない。どうせ同じことだ。そういうものなんですよ。だから何かチョコチョコ出てきても、ああこれは自分が浄まっているから出てくるんだな、と思いなさいませ。それでますます消えてゆく姿をやって、ますます世界平和の祈りをすれば、ますますきれいになる。きれいになりきっちゃえば、何も出てこないですよ。

今度は人を救う立場だけで、人のものが被さってくるかもしれない。しかしそれは問題ではない。消えてゆく姿、それこそすぐ消えてゆきますからね。そういうふうに、何が出てきてもみんな、いいほうにいいほうに想いを取らなければいけませんよね。悪いほうに悪いほうに取る人は宗教心の乏《とぼ》しい人。何が出てきても有り難いように、何が出てきてもいいことだ、と思うようになることは、宗教心が深いこと。

いくら神様神様と言っても、いちいち不平を言うようなのは、神様と思っていない証拠なんです。神様！　と口では言わなくても、何が来ても、ああこれは有り難いな、これで私の魂が立派になるしとなんでもかんでも良いほうに取っている人は信仰の深い人ですよ。いちいち私が文句言われるといけないから、先に言っておく（笑）。「先生、この間からお願いしているの、まだダメですか」なんて、そういうのありますからね。そういうふうにして、いちいち先生を責めるようだと、それは信仰が浅いということ（笑）。

責められなくても先生は、あなた方よりも先に分かっていて、早くよくしてやりたい、少しまけてもらいたいと思って、いつでも守護神に頼んでいるんだからね。「守護神、頼むよ、もっとまけてやって、これだけにして」「いや、先生そうはいきません。いくら五井先生の仰せでも、これだけ」と守護神が頑張っていたって、まけてもらっているんですよ実際言うと。まけてもらっても、たとえば十だけの悪いものがあるのに、全部なくなるということはないんです。それではその人の魂の修練にならない、それで三なら三だけは残るわけなんです。

でもこれだけが出てくることが分かっていて、これだけに少なくなった場合には、有り難いと思いますね。Aさんみたいに、前から中気《ちゅうき》になってダメになっちゃう、と予言されていると、ちょっと出てきたけれど、すぐ直っちゃったでしょう。そうすると、有り難いなこんなに小さくしてもらって、助かって有り難いな、ということが分かりますよね。だから皆どこかで予言してもらってくるといいですよ。どこかで「あなたの運命は……」ってね。そうすると、ここに来て変わったことがはっきり分かるでしょう。そうしてもらいたいもんですよぜひ。

ですから私は、人が占い者に行くと言っても、どこかの行者に行くと言っても、他の宗教へ行くと言っても止めないんです。「いってらっしゃい」って、向こうでさんざん悪いことを言ってもらって来たほうがいいと思って。黙っている（笑）。

ということは、ここに来れば、運命が変わるということなんです。

何故変わるかというと、今まで想いが業生の三界《さんがい》の世界で、ぐるぐる回っているのを摑んで、ぐるぐる回っている自分が悪い、人が悪いとか言っている。神様神様と言いながらも人を責めている、自分を責めている。そういう想いの世界から、業もいっぺん消えてゆく姿にして、世界平和の祈りの中に入れちゃうでしょう。そうすると、世界平和の祈りの中できれいになっちゃうからね。業がどんどん減ってしまって、魂が上にあがっていって、業生の自分ではなく、今度は神の子の自分に生まれ変わってくるわけです。そうすると運命が変わっちゃうんですよ。

サッと生まれ変わればいっぺんに変わっちゃうし、ゆるやかに生まれ変わればゆるやかに変わっていくのです。私の場合はいっぺんに神様に「私の命を差し上げます。どうか人類のために使ってください」ともろに投げ出したでしょう。だからパーッと変わった。それでも何年間という修行でうんと苛《いじ》められるんだからね。だから皆さんが一生のうちに、運命がまるきり変わればいいんですよ。一生の間に自分が安心立命すれば、これはしめたものです。死んでからも安心立命をしない人はたくさんあるんだから。死ぬまでに安心立命すればしめたものです。

あの世に逝《い》ってから永遠の生命を悟ってもいいんだからね。ところが皆さんは、明日死ぬような人は少ないんです。まだ時間がありますから、その間に出来る限りどんどん業を減らしておいたほうがいいです。業を減らすというと、考え違いをして、何か病気などが現われたり、貧乏になったほうがいいか、とそんなことを思う必要はないんですよ。

貧乏になることも、金持ちになることもみな神様におまかせして、世界平和の祈りの中からみな頂けばいい。世界平和の祈りをしてさえいれば、本当のものが自分の中に入ってくるんで、自分の運命がそのまま良くなってくるんだ、と堅く信じて行ずることです。

それ以外に方法はないんです。

神様にまかせたらいい

（昭和35年8月21日）

地球は本当は光り輝いている

この間、天変地変というもの、台風や地震とかいうものは、地上天国が出来た時は無くなるのですか？　という質問に、無くなると答えましたね。その続きを話しましょう。

台風が来るということは大掃除に来るんです。地震があることも火事があることも、すべて災難ごとというのは、天変地変というのは、みな人類の業を浄めるためのものなのです。掃除をする時には埃がたつでしょう。町の人で小僧さんや女中さんがよく掃除していますが、人が歩いているのに、水を撒かないでパッパッと埃をたてて、掃除をしているんだか、散らかしているんだか分からない。それと同じように、やたらに台風が来て荒らされて、ああお浄めだからといって、河川が氾濫《はんらん》し、山が崩れて人間が死んでゆくんでは敵わないでしょう。地震があって、浄めたから人が死んでゆくんだ、業が深い奴が死んだんだ、と言われたってしょうがないでしょう。そこでやっぱり平和の祈りが必要なんですね。

地球というものは星のように光り輝いているものなのです本当は。それが人間の想いが地球を覆ってしまって、もっと上から見ると、地球は真黒に見えるのですよ。太陽のように光っていないんです。それは人間の業で汚れているから。地球の存立のためにはその汚れが邪魔なんです。それで自動的に、というよりも本当は神様がやるんだけれども、業を大掃除するためには体を揺さぶるわけだ、地球が。それが地震になるわけなんですよ。

人間でもそうです。病気したり、下痢したり、風邪をひいたりしましょう。あれは想いがだんだんと固まってくると、毒素になるんです。毒素が溜ってくると、心臓でも肺臓でも動きにくくなる。そのために自分から熱を出して溶かして、下痢にしたり、鼻水にしたりして毒素を出すんです。その症状が病気というんですよね。だから病気そのものが怖いわけじゃない。病気になる前のほうが怖いんです。

悪い想いを出している時が実際いけない。自分を苛める想い、人を苛める想い、怒る想い、焦る想い、不安の想い、妬む想い——そういう想いが病気の種になる。不幸の種になるんです。そういうのが集まると、天変地変になり戦争になるんです。だから平和の祈りで神様の光を当てていれば、地球の表面に神様の光が流れ、掃除することになるんです。そうすると大地震が来ても小さいので済んじゃう。台風が来るのでも小さいので済んじゃう、ということなんです。

皆さんはそういうことを知っているから、台風が来てもあまり驚きませんね。「ああ関東に来る、東京に来る」と言っても「大丈夫ですよね」とのん気なことを言っていますよね。実際大丈夫で、台風は遠慮してゆきますね。ここは掃除がゆき届いているから、掃除しなくていいだろう、と行っちゃうわけですよね。皆さんはですから掃除しておかなくてはダメですよ、いつでも。

掃除していても、たまたま地震があったり台風がある場合には、ああ少し掃除が足りなかったから手伝ってくれたんです。そのくらいの軽い気持ちでいいんです。災難事なんていうのは、やはりあるべきものが消えてゆくんだから。消えてゆく姿ということが分かって、すべて不幸や災難というのは、過去世の業が消えてゆくんだなァ、これでいよいよ本心が開くのだ。というような想いがあれば、災難が来ても大したことはないし、しまいにはなくなっちゃうんです。そういうように神様におまかせの気持ちになっていると、災難というものは来ないものですよ。そういうもの。

おまかせというのは光が入っているから、光の中に闇は入れないんだから、台風でもなんでも入れないです。世界平和の祈りが日本中に行き渡れば、天変地変など日本にはないんです。その運動を私たちはしているわけです。

想いがみんな創るんですよ。人間の肉体だって想いがみんな創っているんです。

肉体は光と想いの混合物だからね。地球だって想いです。神様の想いの具現化で出来ている。それを人間の想いと神様の想いとが混ざって、光と業想念が混ざってこの地上界が出来ているんだから、業想念を光一元にすれば、神様のみ心がそこに現われるわけでしょう。光一元の心は何かというと世界平和の祈りなんです。

平和の祈り一念で生きればいい

世界人類が平和でありますように、という想いが神様のみ心、光なんです。だからみんなが心を光らせなければいけない。そのためには、家族の間においても、友達の間においても、親戚の間においても、自分がいちいち引っかかって、ああじゃない、こうじゃないと言いなさんな、と言うの、私は。皆さんは偉いから言わないでしょうけれども「夫がどうだ、妻がどうだ、子どもが……」そんなのはみな業想念だから、子どもは神様が守っている、親も神様が守っている。みな守護霊守護神が守っているんだから、親がいちいちとやかく言わなくなって、本当は子どもは生きるように生きているわけなのね。それをやかましく言うからいけない。

遠くから祈って守ってやったほうがいいですよ。子どもの神性を見てやらないといけません。それには「守護霊さん守護神さん有難うございます。どうか子どもをお願いいたします。夫をお願いいたします。妻をお願いいたします」と守護霊守護神に頼んだほうが余程守っていることになるんです。私に相談していても、言葉でいちいちしつこく言う人があります。一度で言えばいいのに、五度六度十度。もうくたびれちゃう。「子どもがここで……」「あらよござんすよ」そうするとまた帰りかけて言う。「結構ですよ」というとまた来て、部屋を出たかと思うとまた入って来る人があるんです。今日はなかったけれど（笑）。

そんなにしつこく言わなくても、神様のほうでは知っているんです。神様のほうでは、その人の運命を見て、みんな幸せになるように思っているんだから「神様、お願いいたします。神様有難うございます」と言えば、もう事柄なんか言わなくたって分かっているんですよ。それをくどくどと微《び》に入り細《さい》にわたり自分の子どもの話をするのに、遠い九州の親戚から始まるんですよ。それが北海道に行ったりして、まわりまわって「実は子どもが……」そんなに廻りくどく言わなくても「先生、子どものことをお願いいいたします」と言うことで分かっているんです。

神様は口説かなければダメだと思っている。神様のほうが先に知っているんですよ。だから「神様、お願いいいたします」と言うよりも「世界人類が平和でありますように、私どもの天命が完うされますように」という想いだけで十分で、もう神様は守っている。そう思っていらっしゃい。肉体の頭で考えているから、神様は離れているような気がして、神様は大きい声で言わなければ分からないかしら、なんて思っているけれども、中で思えば分かっちゃう。思わなくても分かっています。そういうものなのです。

子どものこともだから心配しないで、親のことも夫のことも妻のことも、みんなすべて世界平和の祈りの中に入れてしまって「どうぞお願いいいたします」と言うんです。その上で出てくる業は、出てこなければならない業なんだから、一番小さく、ギリギリに小さくして出てきた業だから、それは仕方がない、と思わなければならない。やっぱり少しは浄めなければね。

世界平和の祈りをしているからといって、何から何までうまくいって、悪いことは一つもない。そんなことはないんだ。積んできたんだからね。うんと偉くなって悟りを開いたら、食べたものはみんなきれいになって、何も出ないか? そんなことはない。悟りを開いたから食べるものは食べるけれど、お尻からは何も出ないで、芳香がパアッと漂って、なんてそんなことはない。この地上界ではそんなことはないんですよ。道元禅師でも弘法大師でも法然上人でも誰でも、それはみな普通なんです。

この世の生活というのは、当たり前にやっていて、想いの世界で神様に全部全託してしまって、あとは当たり前にやっていればいい。全託してしまってからも、全託してしまわない前と同じような生活をすればいいんですよ。そうすると全託した後と全託しない前とは全然違うのです。知らない間にスッスッとうまくゆくんです。

そういうふうに出来ているんです。それを余計なことばかり人間というのはしている。「ああじゃない、こうじゃない」そして「自分が悪い……」いい人に限って「自分が悪い」と言っている。「私がバカなばっかりに、私が不束《ふつつか》な者で、私が出来が悪い……」そんなことは言わなくっても分かっている（笑）。

肉体の人間は神様と同じことが出来るわけがないんだから。そんなこと分かりきったことなんだ。今さら言わなくたって分かりきっているのだから。悪いも良いもそれごと神様におまかせしますとまかせたらいい。悪いものが出たら神様は「お前の責任だ」と文句を言いやしないんですから。

「なんでこんな私を生んだ」と言う人がいます。ある親が娘を連れてきた。「ああこの子はいい子だね」と私がお世辞を言ったんですよ。そしたらその子がとても悪いことをいろいろしちゃったのね。そしたら「お母さん、五井先生は当たらなかった。私のこと分からなかった。いい子だと言ったけれど私は悪い子じゃないか」と威張ってるの。しかしそれは業が消えてゆく姿で、その子が悪いわけじゃない。その子の業が消えてゆくわけだ。中は神様の生命なんだからね。

普通はどんな悪い子も、初めからお前はいい子だと見るわけにはいかないでしょう。悪い子は悪い子として見てもいい。悪い夫は悪い夫として見てもいい。悪い妻は悪い妻として見てもいい。これは見てもいいじゃなくて、見てしまうからね。見た後が大事です。見た後で「ああ悪いように現われているけれども、これはみんな過去世の因縁の消えてゆく姿なんだなァ、神様、どうかお願いいたします。世界人類が平和でありますように」とこうやって祈りの中に入れてしまうんですよ。そうすると悪い因縁が悪い因縁でなくて消えてゆく姿になっちゃうんです。そうすると最後にはこの子は必ず良くなります。その夫は良くなります。それを声の言葉で言うとダメ。感情が入るから。

この世の中が本当に幸せになるためには、いっぺん感情想念というもの、喜怒哀楽そういうものを神様の中に返してしまって、神様のほうから現われたものでやるんですよ。神様が笑え、と言ったら、ハハハハと笑えばいい。そうもいかないけれど、神様のほうから自然に出てくるんですよ。私なんかは全部まかせてある。だから神様のほうからそのまま出てくる。そうなれば力が出てきます。この柏手だってそうでしょう。力を入れて力で叩けば、音がビシャとなっちゃうけれども、自然に叩くから、こういう音が出てくる。

これは何にもない証拠ですよ。あったらこんな音は出ない。力を入れたらこんな音は出ない。柏手の神秘というものは、みんなが神の子として生きてゆく謎でもあるんです。これを解き明かせばいい。それは力を入れないこと。力まないこと。ふんわりと生きていること。神様に全託して、平和の祈り一念で生きてゆくと、こういう柏手になる。

真実の愛を行じるために

（昭和35年8月21日）

真実の愛は調和

愛というのは、いのちが一つに合わさるということなんです。業が合わさる時には情なんです。いのちがそのまま合わさる時、これは調和です。愛は必ず調和なんです。調和が伴わないのは愛ではなくて、感情想念です。そこが一番むずかしいことなんです。

根本的に愛が本当に行じられれば、この世の中は平和になるんですけれど、愛がそのまま行じられないで、情愛というような執着のほうにまわってくると、世の中の業想念になってしまうわけです。そこで仏教では愛というものを業、カルマとしているわけです。十二因縁などでも愛が主になっています。それが執着になってぐるぐる回ってくる。そこで私たちの活動は純粋な愛というもの（愛情の中でもいいものがあるわけですから）と普通使われている愛情というもの、仏教的に言えば、業になるものと分けることから始まります。

本当の愛とは、仏教では慈悲というように使われていますが、調和という意味です。別々に分かれているいのちが調和するという意味です。

人間というのは、宇宙神の中の一つのいのちです。大生命から分かれた小生命なんですよ。一人一人がみな大生命の中から分かれたもので、元をただせば大生命の中に一つになるべきものなのです。大生命（宇宙神）があって、直霊（直毘《なおび》）というものに分かれて、直霊が分かれて分霊になり、その分霊からまた分霊が分かれて、どんどん分かれて分霊が増えていった。それで一番近しい分霊と分霊とが会うと、非常に一つになりやすいわけです。一つになったものをまた元をたどってゆくと分霊がある。だんだん元をたどってゆくと大生命、直霊と一つになってしまうわけなんです。だから真愛というのは、縦につながって神様と人間とが調和するという意味です。人間のほうが調和してゆくわけです。

神様にとって、人間というのは自分のいのちの中から分かれてきたものなんだから、人間は全部子どもであり孫であるわけです。だから神様のほうではつねに人間を愛しているわけです。分けいのちなんだからね。ところが人間のほうでは、神様が分からなくて、神様を「天にましますの神」と遠い所に置いてしまって、神様というのは畏《おそ》れ多くて、畏《かし》まっていなければならないような、自分とは何も関係ないように、離れた感情でいるわけですね。それは信仰が深いように見えるけれども、実は本当の信仰ではないのです。

信じ仰ぐのは結構だけれども、信じて神様の中に入ってしまわなければダメなんです。つまり調和することが大事なんです。神との調和も大事だし、人間同士の調和も大事です。調和しない愛というものは、本当に現われてはこない。だから好きだ嫌いだとかいうものは、愛とは関係ないんです。業なんです。だから恋愛などで結婚しますと、大体が悪い場合が多いんですね。それはどういうことかというと、好き嫌いでやるからです。

あの顔形が好きだとか、あの性質が好きだとか、あの癖が好きだとか、大体、好かれるような男性や女性というのは、どこかに癖があるような人が好かれたりするんですよ。あまり当たり前の人というのは好かれない。どこか癖のあるような人、あくの強いようなのが好かれますね。それは不思議なんですよ。恋愛の場合では、業の強いのが好かれたりする。はたから見ると、なんて嫌な奴だろう、と思うようなのが、案外、とても好きだ、という場合があるんです。

好きだ嫌いだとかいうのは、調和する意味ではなくて、いのちが一つになる意味ではなくて、業と業とがぶつかって、そこで好きだとか嫌いだとか言う。だから一遍、好きだ嫌いだというものを別にしないと、純粋な愛が出てこないんです。ところが普通の世界で使われいる愛というのは、好き嫌いで決まるわけです。

だから昨日も思ったんですよ。台風が東京方面に来ると予報していました。人間というのは変なもので、台風が来るというと、まず一番先に、自分の住んでいるところ、みんなここにいる人は関東に住んでいるから、関東のほうに来ないように、と思うんですね。たとえば逸れて近畿のほうに行った、でも近畿が可哀相だと思うけれども、関東に来るよりはいいわけです。それが九州のほうに行けばもっといいわけなんですね。中国大陸のほうに行っちゃえば「ああ安心した、これで台風は無くなった」と思う。台風は無くなったわけではなく、中国大陸はやられているわけですよ。九州や日本の本土だと「ああ台風にやられた、お気の毒に」とか悲しい想いが出るけれども、中国や朝鮮半島に行っちゃえば、そんなこと知ったことじゃないですよ（笑）。よかった、台風が無くてよかった、と喜ぶような心が地上界の人間の心なのですよね。

相当偉い人でも、自分の身近のもの、たとえば私なら私がいて、お弟子さんなどの住んでいるところが無事だと、よかったと思う。「あの地方は信者さん居なかった。まァよかった」（笑）。そんなふうに思うわけでしょう実際の話が。一番近しい者から愛して、だんだん遠くに従って愛は薄れてゆくわけです。まず自分の家族を愛する。自分の親戚や友達を愛する。友人を愛する。知己を愛する。仲間を愛する。それからだんだん離れてきて、日本を愛するということになる。それからもっと離れてゆくと、外国になるわけですね。

というふうに、まず外国のことは愛していないですよ実際問題。だからアメリカが日本を愛するか、といったらそう愛するわけがない。ソビエトが日本を愛するかというと、日本を自分の国以上に愛することは絶対にないんです。アメリカがアメリカ以上に日本を愛するなんていうことも絶対にない。ソビエトがソビエト以上に日本を愛するかというとそんなことは絶対にない。日本人がアメリカやソビエトを愛するかというと、そんなことはない。いくら共産党員だって、日本よりソビエトを愛しているわけじゃなくて、そのほうが日本のためにも自分のためにもいい、と思うからやるのであって、実際問題とすれば、一番自分の祖国というものを愛する。一番自分の親兄弟とか親戚とかを愛する。

そういうふうに一応人間は出来ているんです。それが愛情というんです。ところがその愛情でゆきますと、祖国愛なら祖国愛だけでゆきますと、今度は外国との関係が非常に難しくなってきたりするわけです。そこが一番難しいところ。

だから本当の愛を行ずるためには、肉体人間の感情というもの、肉体人間というものを一遍捨ててからかからないと行じられるものではないのです。どんな人でも、たとえば台風が日本に来ないほうがいいと思うのですから。中国大陸へ行けば心配にならない。それはもう偽りのないことなのですよ。そういう感情があったから、親鸞上人などはいつまでたっても「心は蛇蝎《だかつ》のごとくである。罪悪深重《ざいあくじんじゅう》の凡夫《ぼんぷ》だ」と言ったわけです。

自分でいくら真理を求めても、仏《ほとけ》を求めても神を求めても、いつまでたっても自分を守ろうとする、自分の周囲を守ろうとする。嫌なことは嫌だという想いがあるのが、人間なんですね。そこで親鸞上人は「肉体の人間は罪悪深重の凡夫だ、いくらやってもダメ、ああ情けない」と言って一生突き進んでいった。そこでどこへ結局想いを持っていったかというと、阿弥陀様の中に持っていっちゃった。肉体の人間ではどうしようもない。どうしようもない人間を一度捨てなければ、捨てきらなければ、本当の幸せも来なければ、本当の人間も現われない、仏が現われるわけがない。というので南無阿弥陀仏と言って、全部阿弥陀様にまかせてしまって、阿弥陀様のほうから生活をそのまま頂いて、素直に頂いていったわけです。

素直に頂いた生活とは、どんなに貧しくても、嫌なことでも、そのまま素直に受け入れてやったわけです。それが親鸞の生き方でしょう。私もやっぱり同じことを思うんです。肉体の人間というのはいつもダメなものだ、と思っています。自分を含めて全部ですよ。自分の都合のいいことには喜んで、都合の悪いことはなるたけ避けようとする想いが潜《ひそ》んでいて、ただ教育とか教養とかいうもので、それを外に表わさないだけ。表わさないのだけれど、実際の心の中ではそういうものがあるわけです。自分の子どもは怪我しないように、病気しないように。外国の子が怪我したって、川に流されたって可哀相だとは思うけれど、大して心にしみない。それは実際の話。

自分のほうが救われたほうがいいものだから、それはわざと思うんじゃないんですよ。そういう想いが湧いてきちゃうんですよ。それが業と言うんです。自分のほうが助かりたいというのが、いやわざわざ思うんじゃなくて、いけないと思いながらも出てくるんですよ。みんな経験あるでしょう。とっさの場合にはみんなそうなるんです。とっさの場合でも、自分が亡びても向こうが……と思える人は余程、偉い人。自分一人ならまだ思えるんです。「ああ自分が犠牲になればみんなが助かるんだなァ、自分が犠牲になろう」というようなことは思えるんですよ。しかし自分がいて家族がいる。自分と自分の仲間がいる場合には、自分の仲間や家族が全部亡びてもいいから、向こうの仲間を助けてやれ！　なんて、そんなことを思う人はいないでしょう。日本の国が亡びてもいいから、アメリカを助けたい、なんてそんなばかなことを思う奴はいない。

しかし、もしそういうことを思ったとすれば、それは人間の生活に忠実でないんです。自分の子どもを殺しても、人の子どもを助けたいと思うような心は、普通の平常な心ではありません。どうかしている心です。と同じように、日本の国はどうでもいいから、アメリカを助けたい、ソビエトをよくしたい、という心があるとすれば、それは正常な心ではない。それは偏頗《へんぱ》な心、間違った心です。

神様のみ心を地球界に現わす

人間というものは複雑で、二つの様式で出来ているんです。自分を守らなければならない、自分の周囲を守ろうというように本能的に出来ている。そこで自分を守ろう、自分の周囲を守ろうとする想いと、人を愛そうとする、人のために尽くそうとする想いが平行線でいっている場合はいいけれども、それが反対の場合が往々にしてあるわけです。そこで良心的ないい人たちは悩むんですよ。そこから宗教が始まるんです。そういう悩みが起こらないと宗教ではないんです。そこまで行かなければ宗教心というんじゃないんですよ。

ただ自分が助かりたい、自分の一家が繁盛しますように、自分たちが病気になりませんように——そんなものは宗教でもなんでもない。宗教心ではないんです。単なるご利益信心であって、宗教心というのとはかけ離れているんですよ。しかし一番初めはそこから入るんですね。一番初めの段階というのは、自分たちが助かりたいんです。自分が病気にかからないように、一家が不幸にならないように、というようなことから入るわけですけれども、それは宗教心ではない。宗教心に行く道であるけれども、宗教心そのものではないんです。本当の宗教心というのは、自分を守ろうとし、自分の周囲を守ろうとすれば、他を損《そこ》なわなければならない。他のために尽くそうとすれば、自分たちが犠牲にならなければならない。ああどうしたらいいだろう、神様！　どうしたらいいんでしょう？　というところから始まるんです。

私たちはそういうところから始まっています。それで結局どうしたらいいかというと、方法が何もないんです。どうやったって本能的には自分を守ろうとするんだから、パッと来ればパッと避《よ》けたくなるんだからね。クッと来れば本能的に目をつぶる、というように本能的に自分を守ろうとするものがあるわけで、それがなければこの世の中はめちゃめちゃになっちゃいますよ。自分のことは構わないで、人のことばかりやっていてごらんなさい。たとえばご夫婦がいて、子どもがいたとする。その旦那さんが自分の家にちっともお金を持ってこないで、向こうの家は可哀相だ、前の家は可哀相だ、と三万円もらっていたとして、一万円近くをやってごらんなさい。子どもが五人ある一家はやっていけないでしょう。

しかし本当の人類愛からいけば、向こうは困っているんだから、向こうを助けなければならない。平等にやろうじゃないかというので、みんな配らなければならないでしょう、本当の心からいけば。ところが実際の問題とすると、三万あるのを一万づつ配ったら、一家がやっていけなくなっちゃう。配ったら奥さんのほうが文句を言います。「あなた、人のことまでやらなくても。うちだけだって一杯一杯じゃありませんか。私のほうがやっていけないじゃないですか」と必ず文句が出ます。

そういう旦那さんがたまにありますよ。社会事業などしていまして、自分の家庭は全然顧《かえり》みない。お金があると、全部、社会事業とか宗教のために使っちゃう。家はいつもすっからからんで、いつも奥さんが働いて、借金して、質屋に質《しち》をおいたりなんかしてやってゆく。お金がないんじゃない、あるのにみんなやってしまう。そうすると「家《うち》の旦那はひどいんだ。うちの宿六《やどろく》は……」ということになっちゃう。「親父《おやじ》が」だんだん「この野郎が」ということになっちゃう（笑）。だんだん嫌になってくる。そういうことはあるんですよ。

そうしますと、真理に忠実になろうとしてやろうとすると、家庭が乱れてしまう。家庭本位にやれば人を助けることが出来ないようになってくる。本当に突きつめて考えて、そこまで行って大概《たいがい》苦しむんです。

そこで二つの生き方をどうしたら調和できるか、愛と愛情の問題をどうして調和させることが出来るか。この世の中というのは、まだ天国ではないんだから、業想念の三界《さんがい》の世界です。そうすると、業想念の世界と全然離れた生活というのは出来ないのですよ。大地に足をつけている場合には、天国に行こうたって、空間を飛んで歩くわけにはいかないでしょう。やっぱり大地に足をつけて、地球のものを食べてなきゃならない。地球のものを食べながら、天国という地球を離れた空《そら》のことを思っていたって仕方ないでしょう。それは上《うわ》の空《そら》になっちゃいますからね（笑い）。そういうことは出来ない。そこで地上界に足をつけていながら、しかも天国に頭が届くような生き方をしなければならない。愛と愛情が結びついて、自分が救われることと、他人が救われることとが一緒にならなきゃならない。そういうことが出来なければ、この世の中は救われるものでもなし、人間生活というものが満足にゆくわけのものじゃない。良心が開けば開くほど人間は苦しんでしまうんです。

そこで私はどうしたかというと、親鸞さんと同じように、肉体の人間はダメだ、と思っちゃったの。肉体の人間ではどうしてもそこまでゆくと、考えられなくなっちゃう。そこまでどん詰《づま》りにくると、もうどうにもならなくなっちゃう。私なんか実際問題としては、自分のものを剥《は》いでも人にやっちゃったほうのたちだから。一枚着ているものがあっても、脱いじゃって「オレはワイシャツがあるから、服だけやっちゃう」と、服を脱いじゃってワイシャツだけで帰ったことあるんです。向こうはワイシャツもないから、服をじかに着ている（笑）。「お前ズボンはいて、オレは上着」なんて、そういうようなことを実際にしたことがあるんです。そうやると、私はまだ親がかりだったから、母親に文句を言われる。「お前という子はなんていう子だろう、いいことをするのはいいけれども」なんて言われるでしょう。そうするとジレンマに陥りますよ。

それで私は地上界においては、肉体人間の頭ではどうにも動きがとれない、ということを悟ったんですよ。孝ならんとすれば忠ならず、忠ならんとすれば孝ならず、でどうにも二つが一つにならないんですよ。どっちか反対になっちゃう。本当に良心的に生きるわけにはいかなくなってくる、この地上界では。坊さんにでもなるより仕方がない。といって坊さんばかり寺ばかりだったら、産業が衰微《すいび》しちゃって日本は亡びてしまう。そこで私は肉体人間はダメだ、と言って捨てたんですよ。

「肉体人間ではどうしようもありません。私はどうしようも方法がございません。

どうか神様、私の命を神様のいいようにお使いください。人類のためになるようにどうか有意義に使ってください」と神様に投げ出したでしょう。投げ出した時に、私の場合には声が聞こえたからいいようなものだけれども、皆さんは声が聞こえないんだね。「神様、命を投げ出しました」と言っても「ハイ」ともなんとも言ってくれない。私の場合にはいい塩梅《あんばい》に「おまえの命は貰った、覚悟はよいか、覚悟しろ」という声が聞こえたわけです。それで神様に命をやっちゃったわけだから、向こうさんのものだから、神様のものだから、肉体の人間はそこで消滅しちゃったわけなのね。「神様、命をおあげします。どうかお使いください」と投げ出した時には、もう肉体の五井昌久というものは、そこにいなくなっちゃったんです。そこに神様になった五井昌久というものがいるわけです。直霊の中に入っちゃったわけだ。そういうやり方を私はしたわけです。

今度は、弥陀のほうから、神様のほうから命を貰って生きていった。その代わり、向こうの言う通り守護神の言う通り、右に行けと言えば右に行く。左に行けと言えば左に行く。食うなと言えば食わない。歩けと言えば歩く。寝ろと言えば寝る、というふうに、なんでも向こうのままに動いたんだけれども、そういう人ばかりいるわけじゃない。みなそうなるわけじゃないんですから、たまたま私がそうなっただけ。普通の人の生き方とすれば「神様！　命をあげます」と言っただけでは仕事にならないんですよね。神様。命を！　と言っても何も神様は答えてくれない。何度命をあげても答えてくれなかったりする場合があるんですよ。

「神様に命を捧げます」という人は随分あるわけです。しかし神様のほうでは、何にも答えてくれない場合が随分あるんですよ。そこで神様につながる梯子《はしご》が必要なんです。肉体の人間から神様の中に入ってゆく、天と地をつなぐ梯子が必要なわけです。その役を私がやれ、と神様から言われたわけですよ。その役目として私はどうしたかというと「人間には守護霊という祖先の悟った人がついていて、人間一人一人を守っているんだよ。その上に守護神というものがついていて、直霊である大神様につながる橋渡しをしてくれているんだよ」ということが分かったわけです。

そしてそのようにみんなに教えた。

あなた方が一人で歩いているように見えるけれども、実はあなたは守護霊に守られ守護神に守られて、三者も四者も一体でもって歩いているんだ。あなた一人で歩いているんじゃない、同行二人で、二人以上のものが必ずついているんだよ、ということを教えたわけです。だから、自分で出来なくとも「出来ない」と嘆く必要もなければ、頑張る必要もないんだ、みんな、守護霊守護神にまかせておけば、守護霊守護神のほうからお前さんの天命を完うさせてくれんだよ、とこう教えていったわけね。

それがもっと進んでくると、人間というものはなんのために生まれているかというと、神様のみ心をこの地球界に現わすために生まれているんだ。どんなお婆さんでもお爺さんでも、どんな病弱な人でも、どんなふうな人でも、みんな天命というものを持って生まれてきた。天命というのは、天の命《めい》、天の生命をもらって生きている。天の仕事をもらって生きている。どんな人でもそうです。病気になった赤ちゃんもそうです。みんな天命を持って生まれてきている。天命を果たさなければ死なないんだから、天命を完うせしめ給えという祈りをしなさい、ということになる。

どのようにして天命を完うするかというと、神様のみ心を地球界に現わすということ。神様のみ心が地球界に現われるということは、神様がそのまま映ってくるということ。宇宙神は一つなんだから、唯一神にみんながなるわけ。分かれ分かれにこの地上界に降りてきながらも、そのいのちが合わさって調和して、手をつないで一つの神様のみ心の現われとなるんだ。だからみんなが調和しなければならない。そうするとそれは平和になるということでしょ。世界が平和である、ということですね。

私はそこで〝世界人類が平和でありますように〟という祈りをまず提唱したわけ。祖国は日本だから「日本が平和でありますように」という祈りになった。日本というのはもっと意味が深いんだけれどもね。本当は日本というのは世界全部というのと同じことなんです。しかしそういうと語弊《ごへい》があるから、島国の日本だけでもいいから〝日本が平和でありますように、私どもの天命が完うされますように〟と祈った。あとは〝守護霊さん守護神さん有難うございます〟という感謝の言葉。

いつもそうやって想っていれば、業想念であいつがどうだ、こいつがこうだ、というような想い、愛情がどうだのという理屈っぽいことを言っている想いが、すべての業想念が全部、神様の中に入っちゃうわけですよ。「世界平和祈るは神のみ心のひびきにあれば祈る楽しさ」で、世界平和を祈るのは神のみ心なんだから、慈愛なんだから、その中にいつも自分が「世界人類が平和でありますように」という想いで入っていれば、肉体を持ちながらも、神様のみ心の中にいつも入っていることになる。いつも世界平和の祈りをしていれば、いつもいつも神様の中に入っていることになる。そうすると自分が悪いとか良いとか、これが出来ないとか出来るとか、そんなことはいらないわけなの。全部、神様のほうから頂くことになっちゃう。

世界平和の祈りをすることは、神様の中に全部、全託して、それから神様のほうから自分のいのちが動いてゆくことになるわけ。世界平和の祈りをしながら生きてゆく時は、どんな誤りが出てきてもそれは消えてゆく姿で、本当の神様のみ心が現われてくる過程、天命が完うされてゆくための過程であるにすぎないのです。だから台風が来て「ああ台風が九州のほうに行っちゃえば、中国大陸に行っちゃえば」と思う心も、世界平和の祈りの中に入れてしまえば、そのまま業想念が消えるわけです。それをいつまでも自分の中にとっておくから、いつまでも業想念が廻っている。悪いと思う想いも、何もかもみな世界平和の祈りの中に入れてしまえば、光り輝く大光明になっちゃうわけなのね。

祈りの中に入れてしまえば、いつの間にか思慮分別《しりょふんべつ》、いちいち思い悩んだり、思いあぐんだり思慮分別する必要がなくて、みな神様の中に入れて、神様のほうから仕事をしてゆくことになるわけです。それが私の教えなのです。

そこまで来ないと本当の生活が出来ないですよ。どんなに偉くなっても、偉くなればなるほど、良心が冴《さ》えてくるんだから。良心が冴えてくればくるほど、心が痛んでくるわけです。良心が曇った、良心がないような人ほど、人を殺しても平気なようなそういう連中がたくさん出てくる。大金持ちになったような人でも、人なんかどんなに踏み倒しても平気なような人がいる。あるいは国のためとか自分の権力のためなら、いくら人を殺しても平気なような人もたくさん出てきている。それではいつまでたっても世界がよくなるわけがない。

よくなるわけがないんだけれども、実際問題としてはそういう人のほうが上に立っているわけです。ソビエトのほうが力がある。どうして力があるかというと、腕力で暴力でもってみんなを屈服させ、要するに軍事力でもって抑えている。力と力とが対抗しているんだから。アメリカとかソビエトとかが対抗しているんだったら、いつまでたっても世界は平和になるわけがないでしょう。力と力とだから強いものが勝つんだ。悪くたってなんだっていいんだ。いい悪いじゃなくて強ければ勝つ。そういう世界が地球界が始まって以来続いているわけです。それで力と力とが最後にぶつかって、地球が破滅するようになってしまうわけです。

徹頭徹尾、平和でやらなければならない

今このまま行ったら、地球は必ず破滅しますよ。それは力と力、業と業、業想念と業想念がぶつかろうとしているところだからね。そこで誰かがものすごい力で業想念の力を抑えなければダメです。業を消してしまわなければ平和にならない。台風も祈りがきいて台風が逸れたか、それは別としても、台風を逸らさなければならない。逸らすものは何かというと、人間の力ではダメです。肉体人間の力ではどんな偉い人が出たって、逸らすわけにはいかない。何がするのかというと、神様がするわけでしょう。

ところが今まで神様というものは、象徴的に現われていて、神様は概念的なんだ。だから神様をしっかり摑んでいない。神様と自分が本当に一つになって働いている、というのはあまり少ないのです。イエスさんはそうだった。お釈迦さんもそうだった。法然でも伝教でも道元でも、みんなあのくらいにゆくとそうなんです。

しかし、世界がはなればなれになっていたから、現代にならないと世界平和なん

ていうのは出来ないんです。法然、親鸞の頃、道元や日蓮の頃に世界平和なんて言ったって、交通が出来ていないんだから、世界平和なんて考えも及ばないでしょう。日本の平和きり考えられない。

現在では世界が昔の日本よりもっと狭いわけです。時間からいけば、箱根八里は馬でも越すが、越すに越されぬ大井川、なんていった頃とは全然、時間的に短縮されている。アメリカに行くんだって、日本本土を歩くより速いんですよ、時間が。ということは世界がぐっと縮まっているということになるわけです。今こそ、世界平和というものが本当に考えられる時なのね。

今までどんな聖者が出ても、世界平和ということを言えないんですよ、世界を知らないんだから。ところが今は誰でも彼でも世界中を知っているわけです。地図を見れば分かる。テレビを見れば分かる。世界というものは一瞬にして分かるわけです。今が一番、世界平和が実現しやすい時になっている。と同時に、世界が滅びるのも近い時になっている。だから今は、世界が滅びるか、世界平和が実現するか、二つに一つしかないわけですよ。中途半端はない。いい加減なところに止まっていることが出来ないんです。

だから他のつまらないことはどうでもいい。つまらないことはあと廻しでいい。まず世界をつぶさないようにしなければならない。地球人類をつぶしてはしょうがない。滅ぼさないようにするためにどうしたらいいか。第三次大戦を防がなければならない。原爆水爆の戦争を防がなければならない。それともう一つは天変地変を防がなければならない。

この二つが人間の力で出来ますか？　肉体の力で出来っこない。まして日本人の肉体の力で出来っこない。今、世界の戦争を防げるものは誰かと言ったら、ソビエトしかないんです。フルシチョフが戦争をしまいと思えば、しないですむでしょう。ところが小さなことでバタバタとやった時には、うっかり手を出すかもしれない。今の状態では手を出します。言うなればソビエトとアメリカが戦争をしない、と本気になればしないかもしれない。しかしそういう気にはなっていない。自分の力を見せようとしているんだから。

お互いが武力でもって、自分を知らせよう、抑えようとして競争している。うっかりすれば、なめるな、というのでやっちゃいます、業なんだから。だからソビエトには世界を平和にする資格はない。アメリカにもない。原爆水爆をもっていて、世界平和なんて言ったって、そんな資格がありはしませんよ。どこに資格があるかというと、今、日本ですよ。インドにもあります。

原子爆弾を一番先に落とされ、原爆の被害をこうむっているし、一番、平和の音頭をとる資格があるのは日本なんです。それなのにそれなのによ（笑）、まだ武力を強くし武力で立たなければ日本がダメになっちゃう、というような考えが多いんです。そんなこと一切考える必要はない。平和に邁進《まいしん》すればいい。

片方では原水爆はいけない、と禁止運動の先頭に立とうとしながら、片方ではアメリカと手をつないで、原水爆をしても知らん顔しようという気持ちなのでしょう。そんな偏頗な腰の曲がったような平和論なんてありっこない。片方では戦争に加担するような気持ちもあるし、いざとなったら戦おうという気持ちもあって、平和というのはないんです。平和というもはあくまでも平和ですよ。徹頭徹尾、平和でやらなければならない。

ところが地上界の肉体の人間では、業想念の肉体の人間では、まず殴られたら殴り返そうという気がどうしてもある。自分がやられないうちに敵をやっつけちゃおうという気がある。どうしてもある。でもそれがあるうちはダメです。いくらやり直しを繰り返しても地球は亡びます。私どもだってそういう気持ちがありますよ。誰だってみんなあります。何があったって有難う、と言えるほどの心境の人は滅多にあるものではないです。敵が攻めてきても、ああそのまま殺されましょう、という心境の人も滅多にあるものじゃない。みんな敵が来たら、やっぱり向かってゆこうという気があるに決まっている。ソビエト軍がここに攻め入ってきたら、自分も向かってゆくという気がある。日本人全部あります。あるけれども、それはやっぱり業想念なんです。それを無くせ、と言ったって無くなりっこはないんだ。

だからあるがままでいいから、それを世界平和の祈りの中に入れてしまって、一日も早く、救世の大光明を肉体界に降ろさなければダメですよ。守護霊守護神が本当の姿をここに現われるようにしなければダメです。「現われる」と向こうでは言っている。「守護神が大挙して現われる」と言っている。あるいは宇宙人として現われるかもしれない。それで「地球世界を潰滅させるような兵器というものを、使えなくなるようにするんだ」という宣言が私の中にあるんです。そのための世界平和でもあるんです。

まず第一番に、自分の生活は勿論大事だけれど、自分の生活の向上と日本の平和と人類の平和を、皆さん祈ってほしい。世界平和の祈りには救世の大光明が光り輝いている。救世主が光り輝いている。その中に入って、救世の大光明と一つになって、地球界を照らさなければいけない。そういう人間にみんなwhile ならなきゃいけない。

神様と一つになって光り輝く

小さいゴタゴタしたことはあと廻しでもいい。それはそのまま世界平和の中に入れちゃえばいいんだから。かまわず年中、世界平和の祈りをやることです。そして一日も早く、宇宙人が現われ、あるいは守護神が現われて、ソビエトならソビエトの、アメリカならアメリカの武力というものが、全然価値のないものになることです。それ以外に救われる方法はありません。あとはみな観念論です。いくら理論で、人間はこうでなければならない。こういうふうにしなければならない、といくらならない、ならないと言ったって、なんにもならない。聞いてもう分かっているんだ。

「いいことをしなければならない」「ああそうです」

「人を愛さなければならない」「ああそうです」と分かる。

「右の頬を打たれたら、左の頬も打たせるような心境にならなければいけない」

「上着をとられたら下着をも与えるような心境にならなければならない」「ああそうですね」みんな分かります。分かるんだけれど実際問題は出来ないんですよ。実際問題として出来ないことを、いくら教えても出来ません。いざとなったら何にもならない。そこで私は人間の出来ないようなこと、実際問題として出来ないことは教えない。出来ることだけを教えている。

出来ることは何かというと、自分の全想念を神様の中に入れることです。どういうふうにして出来るか。それは世界平和の祈りで祈り言《いのごと》にのっていけばいい。「世界人類が平和でありますように」という時には、自分の想いが世界人類の中にズーッとひろがっている。神様の中に入っているという意味ですよね。世界人類をひっくるめれば神様なんですから。神様が現われているのが世界人類なんだから。「世界人類が平和でありますように」と言う時には、自分をも混ぜて、みんな平和である、みんな調和であるということです。だからその想いがいつもいつもあれば、その人は神様と一《ひと》つじゃないですか。神の子じゃないですかね。それを言うんです。

自分がまず神の子になること。自分が光り輝くこと。それは難しいことじゃない。それは自分の業想念を神様にお返ししてしまえばいい。全部、神様の責任にしてしまえばいい。いいことも悪いこともみんな、神様に返してしまえばいい。いいことだけを神様にやるんじゃない。悪いことも何も神様の中に入れちゃうんですよ。

それが大概の場合に、うがい手水《ちょうず》に身を浄めて、ちゃんとしてポンポンとやらなければいけないと思う。そんなことはない。汚れたら汚れたままで神様の中に入るのです。お風呂に入るのは何故か、汚れているから入るのでしょう。きれいにどこかで洗ってきてお風呂に入るのではない。信仰というものはそういうものですよ。汚れたままでいいのです。汚れたままで入れば神様のほうできれいに洗ってくれるのに、今までの宗教というのはよけいなことをして、自分の力で自分のごみをとって、きれいにしなきゃ神様の前に出られない、というのですよ。神をけがすとか言って。

だから女の人が月のものの時は神参りが出来ないとか、お産があったら神参りできないとか、亡くなった人があったら神様の前に出てはいけない、と今までの信仰では言うのでしょう。そんなバカなことがあるものか。神様が人間の想いで汚れるわけがないんだから。神様は大光明なんだから、光り輝くものが人間の想いで汚れてたまるものか！　なぜお産が汚いのか？　お産が汚いわけがない。お産は神聖なことです。なぜ月のものが汚い？　汚いことはない。そういうものを汚いとかきれい、とか言ってわざわざ神様から離す必要はない。四十九日が過ぎなくてはいけない、とかいうのがあるでしょう。

どうして四十九日も五十日も神様を離れて人間が生きていられるか！　一秒たりとも神様を離れて生きていられない。それなのにお産のあとはいけないとか、死んだ時には喪だから、神参りしてはいけないとか、そんなバカなことがあってたまるものじゃない。というのが私の説です。どんな汚れた体の時でも、どんな悪いことをした時でも「神様、ごめんなさい」、「神様！」と言って神様に抱きついていって、誰か神様が「お前は汚れているから下がれ！」という奴があるものか。そんな神様はいらない。今いらない。どんな汚れた体でも、どんな汚れた心でも、神様！　と言えばきれいに洗ってくれる。そういう神様が必要なんです。

そういう神様が今現われている。救世の大光明として、世界平和の祈りとして現われている。その祈り言をすれば「お前がどんな悪いことをしていても、どんな悪い想いがあっても、みんなきれいにしてあげるから、この祈り一念で生きなさいよ」と言ってくれているんです。分かりますね。それはどういうことかというと「自分のごたごたしている想いを持っている間は、いつまでたってもお前さんは平和にならない。お前さんは偉くならないんだから、お前さんは自分でやらないで、みんないいも悪いもこちらにまかせなさい、みんなこちらできれいに掃除してお前さんに返してやるよ」ということなのです。それが守護霊守護神の役目だし、救世の大光明の役目なんです。そうして初めて人間が生まれ変わるんですよ。新生するんです。

世界平和の祈りを一日一日、毎日毎日、瞬時も時間なくやっていれば、隙間なく神様と一緒でしょう。いつでも神様と一緒ということになります。といって、わざわざ言葉で〝世界人類が……〟とやらなきゃならないのじゃない。想いでいつも「世界平和」と思うわけじゃない。いつでも想いがこの中に離れないんですよ。「思い出すよな惚れよじゃないよ、思い出さずに忘れずに」という俗歌《ぞっか》のように、本当に慕っている、本当に好きだったら、わざわざ思い出すということはないんだ。いつでも神様がその中にある。いつでも世界平和がこの中にあるんですよ。

いつも言うけれど、親が子どもを思う時、いちいちあの子は、この子は、と思い出しはしないんだ。いつでも中にある。いつでも子どもは親の心の中に入っている。思い出さなくたって忘れることはない。それと同じように、神様のほうでは、子どもである人間のことを忘れることがない。いつでも人間を見ている。ズーッと看ている。くっついて離れないで見ているんだから、こっちも離れないで見ていればいいわけでしょう。いつでも思い出さないんだけれども、いつでも忘れない、というようにならなきゃ。母親が子どもを思うような想い方で、神様を思うんです。子どものほうは母親を忘れちゃう場合があるんですね。遊びにかまけて。母のほうは忘れません、子どものことを。

信仰というものは、思い出さないけれども忘れもしない。いつでもこの中で世界平和が鳴りひびいている。わざわざ〝世界人類が……〟と言わなくとも、いつでも鳴り響いているようなそういう人間にならなければならない。その練習のためには、やっぱり想いの世界で〝世界人類が平和でありますように〟というように思うことです。練習ですからね。その練習を強化するために、この統一会をやるんです。

統一している時には、世界平和の祈りのひびきに乗って、みな想いが救世の大光明のほう、神様のほうに行っているわけです。みんなが行って行かれない場合には、私が柏手で助けます。助けてあげますから、あなた方は平気な顔をして、のんびりと世界平和の祈りだけをやっていればいい。世界平和の祈りが消えたら消えたでいい。雑念が起こったら起こったでいい。足がしびれたらしびれたままでいい。汗かきたかったらかいてもいい。拭きたかったら拭いてもいい。鼻をかむならかんでもいい。欠伸《あくび》をするならしてもいい。眠るなら眠るのでもいい。そのまままかせるんです。そうすると守護霊守護神のほうできれいに磨いてくれるわけです。分かりますね。みなやってくれる。だから入っていればいい。お風呂はもう沸かしてあるんです。救世の大光明の霊浴が出来るんですよ。楽にやればいいわけです。

こういう人になってほしい

（昭和35年9月3日）

幽体が大きいということは

この人間というものは、肉体の他に幽体というものがあり、霊体というものがあり、神体というものがあり、それで人間なのだ、といつもお話ししております。ふつうでは、人間というのは肉体人間に決まっている。肉体が人間だと思っているわけなんです。

ところが私どもから見ますと、肉体というのは一番粗雑な、波動の粗い存在なのです。肉体自体が動いたり、肉体自体がどうこうするということは、本当は出来ない。肉体が動いたり、考えたりするということは、どこからその力が来ているかというと、神体から来ていたり、霊体から来ていたり、あるいは幽体から来ているのです。

言いかえると、人間というものは肉体のこの世界に生きながらも、幽界という世界に生き、霊界という世界に生き、神界というところに生きている。本体が神界にありまして、直霊ですね、そこから光が来ている。その光が真直ぐ通っていれば、肉体人間が神様と同じように、神様のみ心と同じように動けるわけです。ところがその間に幽界、霊界があります。

幽界というのは、肉体界とは不可避な離れられない密接な関係を持っているのです。科学的には潜在意識とか顕在意識といいますね。ああだこうだと思うその意識は、顕われている意識、顕在意識といいますね、その底に幽界の潜在意識というものがあるわけなのです。

この潜在意識というものが一番大事なのでありまして、潜在意識で思っていることがこの世の中に現われてくるわけです。過去世の因縁といいますが、過去世でやったこと、思ったことが幽体にたまっている。それが現われてきて、この世の運命となるわけです。ですから、幽体というのは、この肉体界に生きている以上は、とても大事なわけなのです。

幽体というのはどういう働きをしているかということを、順序だてて言うと、こうなります。本当は神様の世界、神界に人間はみな集まって、神の子であり、神の分生命《わけいのち》なのです。

その神の子の神の分生命は、この地上界の物質界にそのまま現われることは出来ない。なぜ出来ないかというと、あまりにも微妙で速すぎて、一遍に粗くなるわけにはいかないから。だんだん波を粗くしなくては物質の波と合わないわけです。

物質の波は粗雑というか、鈍重なのです。高い世界というのは細かい波で、低い世界というのは粗い波になるのです。そこでどうしても天界の微妙な波が、そのまま地上界の粗い波に現われるわけにはいかない。その間にどうしても霊界、幽界を通らなければならないのです。霊界を通ってやや粗くなり、幽界を通してうんと粗くなり、肉体界でより粗くなって現われてくるわけなのです。

幽界というところがあって、それは肉体界にくっついているのです。肉体につくと幽体というわけです。

幽体が大きいというのはどういうことかというと、細かい波の部分が多い人が幽体が大きいというわけです。幽体が狭いという人は、細かい部分が少ないということです。こういう幽界、霊界のことを説明するのはとても難しいですね。

形にたとえれば、肉体があればそれと同じような形であるのです。それで想いがいつも幽界のほう、細かい波のほうにいっている修行ばかりしていると、幽体がだんだん広くなる。いわゆる前の世で霊的な修行といいまして、神秘力が欲しいとか、奇蹟力、要するに物質界の力ではなく、物質界以外の力が欲しいと思って修行する人が随分あるわけです。行者さんなどはみんなそうです。

そういう修行をした人は、自然に幽体が広いわけで、そういう修行ではなく、ただ一途に肉体生活のために一生懸命やった人は、いい悪いではなくて粗い波動のほうが多いわけなんです。

この世に生まれて、霊能的であるとか、霊体が広いとか、私に言われたりする人がありますが、その人たちは、前の世においても行をさんざんやった人なのです。そういう人は霊能力が開かれるのが早いわけです。統一していても、すぐ光が見えたりする。そういう人は、前の世でもって修行した。心の修行ではありませんよ、間違えてはいけません。心の修行と神秘力、霊能の修行が一致している人はうんと偉い人ですよ。それが一致しないで、霊能力、神秘力、肉体にない力を欲しがって修行した人は、今生でも霊能力があるのですよ。

一方、真面目に、ふつう当たり前に肉体生活だけを一生懸命やっていた人は、どんなに一生懸命いいことをしても、微妙な波動ではなくて、肉体的な波動の世界が多いわけです。だからいい人、悪いとは関係ないことです。

そこでこうやって観《み》ておりますと、皆さんの中にも、幽体の広い人と狭い人とある。幽体が広いから立派で、幽体が狭いからその人が立派でない、というのでありませんよ。それを間違えてはいけません。霊能者のほうが当たり前のふつうの人よりも上か、というとそうではないのです。

どんな霊能があっても、その人の品格というものとは別なものなのです。ただ前生の因縁で、前生の修業でもって幽体の幅が広いというだけ。幽体の幅が広い人が磨きをかけて、品性を高くして、心が立派になってくれば、その人は非常に素晴しい人になってくるわけです。

逆に、ふつうの当たり前の意識、肉体的な意識が強くて、肉体生活は一生懸命やったけれども、霊能の修行など何にもしなかったという人もあるわけです。今日、ここに来ている人は、全然ないという人はいません。やった人が多いのですから。しかし幽体の広い人よりもやらなかったという人があるわけです。そういう人は一生懸命に肉体生活のことを、まじめにやっている。人もいい、人のためにも尽くしているという人がありますね。そういう人が世界平和の祈りをする。守護霊守護神に感謝して、いつも想いが神様の中に入っている。そうすると、幽体の先《さき》がありますね、霊体といいます。幽体よりもっと微妙な波動があります。その微妙な波動がそのまま肉体に入ってくることが出来るのです。

幽体の波がある、霊体の波がある、その霊体の波がそのまま幽体を通してしまって、肉体に入ってきて肉体を動かす、ということが出来るわけなのです。三段構えでやる。

本当に立派になりますと、霊覚者という形になりますと、幽体はいらないんです。神体霊体が直接、肉体そのものになってしまう。だから現われている世界で、肉体がこう現われているけれど、これは過去からの想いの波がただ溜っていて、ここに置いてあるだけであって、神様が必要あって置いてあるだけであって、実は、中身としては霊能的に見れば、これは肉体ではなくて霊体であり神体である、というような人間になるわけなのです。

そうすると幽体の幅が広いとか狭いとかは問題にならなくて、神秘力が出てくるわけなのです。これは難しい問題なのです、とても。もう一回言いかえますと、神体があります。神体は微妙絶妙なる、妙々不可思議なる波動を持っている。霊体というのは、神体より少し粗くなった波を持っている。幽体というのは、もうちょっと粗くなった波を持っている。それで肉体になると、ズーッと粗い波になる。こういうわけです。

唯物論者といって、神様のことも、霊のことも何も思わないような人は、この肉体の粗い波動だけでやっているわけです。だから現われの肉体が亡くなると、自分はどうしようもなくなってしまう。どうしていいか分からなくて、幽界をぶらぶらしたり、迷って肉体界にいたりするわけです。

ところが皆さんのように、霊のことが分かってき、あるいは神様神様と思っている人は、そういうことがない。肉体の粗い波動を持ちながら、しかも幽体の細かい波動を持つ。あるいはもっと細かい霊の波動を持つ。あるいは神様の微妙な波動を持って生きているわけです。

人間のいろいろ悪いものも溜まっているところが幽界なのです。神様の光もそこに入ってゆく。光の想いも溜まっている。いわゆる肉体の想いの溜まり場所でもあるし、神霊の光の溜まり場所でもあるのが幽界です。幽界というところは、神界霊界と肉体の中継ぎの場所なのです。

前の世から霊能の修行をした人は、その幽体の幅が広いというわけですが、幅が広いということは、神様の光も余計受けるけれども、肉体界の想いも余計受ける、幽界のいろいろな生物の想いの波も余計に受ける、というので、なかなか大変なのです。いいこともあるけれど、悪いこともある。

幽体が狭いと、なかなか魔界の生物も業想念も受けつけない。その代わり理性的です。いいとか悪いとかの判断力がとてもあって、幽界の想いをやすやすと受けつけない。と同時に神様の光もやすやすと受けつけないのです。なかなか難しいね。前の世前の世でもって、そういう練習をしたので、そういう修行をしたり、そういう生き方をしたので、今生では仕方がないわけです。

霊能力、神秘力を欲せず神様を思う

そこで世界平和の祈りになってくるのですが、消えてゆく姿で世界平和の祈りといって、あらゆる想い、肉体にある想いも幽体にある想いも、いいことも悪いことも、すべて消えてゆく姿だと思って、世界平和の祈りの中に入ってしまって、守護霊守護神に感謝しているような、みんなのような生き方をしておりますと、幽体が広いとか狭いとか、そんなことは問題でなくなってしまう。すぐ神界霊界のほうに、直接行ってしまうわけなのです。幽界を素通りして、スッと行ってしまうわけなのです。自分の想いが、幽界のほうを全然相手にしなくて、神界に行ってしまうわけなのです。

それで今度は、神界のほうから、自分の直霊の光のほうから、幽界なら幽界のほうを浄めるような立場に、あべこべになってくるわけですね。消えてゆく姿で世界平和の祈りをしていて、なんにも把われない生活をしておりますと、幽体も霊体も、すべてが一緒に神界の自分の本体の中に入ってしまって、本体の力、本体の人間そのものとして、本体の自分としての肉体界に働きかけるのです。

地にいる自分が天に行ってしまう、天地をつないでしまうわけなのです。ところが普通の霊能の修行というのは、山に籠ったり、滝にあたったり、断食したりする。そういう修行というのは、神界に直接に行かない。幽界のところでいつもフワフワつかまってしまう。一人でやりますからね。自分で一生懸命雑念を消そうとやっている。肉体のことを思わないようにして、幽界のことばかり思うわけですよ。いわゆる霊能力を欲してやるのだからね。微妙な波動、霊能力を欲してやるのは欲望ですからね。

神様を思うのは欲望ではありません。これは本質的なものですからね。ところが霊能力を得たい、神秘力を得たい、何か見てみたい、というのは欲望でしょう。それで統一しますから、幽界のところでひっかかってしまう。欲望を持ったままで、想いを摑まえてしまうわけです。それでいろいろ霊能力でものを当てたりする。「お前の所の女中は、畳の下にお金を隠している」そんなのがある。「当たった、大変な神様だ」なんて言う。

嘘だそんなもの。神様でもなんでもない。幽界から見れば、肉体のことは丸見えに見えるのです。幽界というのは肉体界の隣り、すぐ上なのだからね。くっついているのだから、肉体の心の中はまるっきり見えるわけ。だから女中さんがまんじゅうを食おうと、お金を隠そうと、みんな分かってしまう。すぐ肉体が見えるから、なんでも当たりますよ。

行者さんのところに来る前に、行者さんのところでいくら払ったらいいだろうか、百円にしようか二百円にしようか、と話をしながら来たというのね。それで行者さんのところへ行って「お礼をいくらでも差し上げます」と言ったら「お前は立小便をしながら、二人で話したろう。あれでいいじゃないか」と言うんだって（笑）。立小便しながら話をしたのを、そのまま当てられちゃうのね。「ああ恐れ入った、大変な神通力だ」と恐れ入っちゃうのね。

恐れ入ることは何にもないのですよ。そんなことちっとも恐れ入ることない、何にもないのです。そんなことは楽に出来るのですから。そんなことはちっとも偉いことではありませんよ。いいですか。

宗教の根本はそういうことではない。しかし、何かもの珍しい神秘力を欲ったり、霊能力を欲っするあまり、そういうものに引っかかる人が随分あるのです。それが宗教だと思ったりする。

ところが私たちの教えは、そんなことは問題じゃない。そんなことは言わない。幽界のものが分かる、そんなことに止まっていると、単なる行者や霊能者で終わってしまって、世界平和のためには、なんの役にも立たない。人間の本質、神のみ心を現わすためには、なんの役にも立たない。そこで止まっている人は随分あるわけです。

大むね、前の世で神秘力なんかを欲して、幽体の広くなった人が、霊能者といって使われるわけです。使われて使ったあとは、要するに幽界の生物の狐や狸、迷った幽魂たちが面白半分に使っておいて、ちょっとでも逆らったりすると、パーンとやって殺しちゃうのですよ。行者などが末路《まつろ》が悪いというのは、そういうことなのです。

浄める力は何もなくて、ただ霊能的に、幽界の生物に使われるだけだから、そういうことになってしまう。そういう人間を創ろうとは、私は思わないのです。

皆さんになってもらいたい人間というのは、そういうことも頭で承知していてもらって、しかも幽界なんか問題にしないで、一筋に真直ぐに、霊界神界に上っていってしまう。霊界には守護霊がいます。神界には守護神がいます。守護霊守護神の世界にズーッと上《のぼ》っていってしまう。

世界平和の祈りという祈《いの》り言《ごと》をもって、その想いの中にすべてを託して、神界まで上っていって、常に神界に住んでいる。毎日、日常生活の中では、お米を炊いたり、魚を焼いたりするような生活をしながらも、その想いはいつでも神様の世界にある、というような人間をたくさん私は創りたい。

その人たちはこの地上界で、当たり前の仕事をしながらも、しかも神様のみ心がこの中で光り輝いている人になるわけです。自然に行ないもいい行ないをするのだし、人に逢っても、自然に人が浄まるような、そういう人間になってゆくわけなのです。それを私がいつもいつも思うのです。

いい時に生まれた

（昭和35年9月3日）

さて、今世紀は大変な世の中です。

今は、人類が始まって以来、かつてない最も尊い、最も価値のある一瞬一瞬なのです。この何十年というものほど素晴らしい時代はありません。

〝善き時に我は生まれし〟という詩をかつて、高村光太郎が書きました。本当にいい時に生まれているのです。今、生まれた人は本当に幸せなのです。

なぜかというと、今、生まれた人たちは、本当の人間が現われる時に生まれているからです。自分の幽体にある業想念がすべて無くなって、神様のみ心と一つになれる時代に生まれてきているのです。ということは、地上天国が現われる時代に生まれてきているのです。

地球世界が、地球人類が長い長い間かかって、苦しみ苦しんで積んできた業というのもあるし、功績もあるわけです。業が全部消えて、その功績が、今まで積んできた修行の固まり、善徳が現われてくる、そういう時代なのです。それで今では、いろいろの悪いことが地上界表面に、みんな現われてきています。

わけのわからない病気がたくさん現われてくる。天変地変のありそうな予言もたくさんある。あるいは第三次大戦が起こり、原爆水爆の戦争でダメになってしまいはしないか、というような波がたくさんあって、みんなが恐怖しているわけです。

これを裏返してみると、神様の光が本当に広がり広がりぬいて、いよいよ表面に全部光が現われてくる、いわゆる天の岩戸開きというのですね、本当に天照大神の光が全部現われてくるということです。

いわゆる救世主の光が全部現われて、地上界が神のみ心一色に塗りつぶされる、というような世の中が今、現われるのです。そのために世界平和の祈りが、その中心的な働きとして現われてくるわけです。

だから皆さんは、のんびりと世界平和の祈りをしておりますと、いつの間にか自分たちは、神様の世界に入っているのだ、という確信を持つといいですね。

世界平和の祈りをしていて、人類が亡びることは絶対にないのです。世界平和の祈りが亡びたら、もう世界はないのだからね。

なぜなら、この世界は神様のみ心の現われの世界であって、神様が人間を創ったこと、これは誰だって分かっている。わざと分からないような恰好をしている唯物論者がいるけれども、神様が創らなければ、誰が創るのか。

人間がオギャアと生まれてくる。それはお父さんが創ったわけでも、お母さんが創ったわけでもない。何か不可思議なる生命というものが流れ入ってきて創られた。その不可思議なる生命の元《もと》はどこかと言ったら、やっぱり神様というより考えようはない。

名前はなんとつけてもいい。大自然でもいいし、大生命でもいいし、絶対力でもいい。しかしやさしく言えば神様ですから、神様の力がすべてに働いてみんな生きているわけですねよね。神様のみ心の中にすべて楽々と入《はい》れるのが世界平和の祈りなのです。神様のみ心の中に、楽々と入《はい》れれば幽体に溜まっている業想念も、幽界に溜まっている業想念も、みんな消えてしまうわけなんですよ。

それで私は、現われてくるこの生活の不合理なことも、不幸なことも、嫌なことも嫌な奴も、それはみな消えてゆく姿であって、神様のみ心の中に持っていって、みんな消してしまいましょう、と言うのです。その消す方法として、世界平和の祈りをすれば、みんな消えてしまうのですよ、と言っているわけね。事実そうなのですよ。世界平和の祈りをしていれば消えてしまうわけです。

すべての運命は自分が創っている

本当は大病になるべきものが大病にならない。大火傷であるべきものが大したことはない、というふうに楽に楽に生活を送っているわけです。それは地上天国の一つの現われですよ。どんな予報でも、関東なら関東を台風が襲ってくるように見えても、関東は世界平和の祈りの本拠地ですから、なかなか入ってこないですよ。あそこには五井先生がいるから遠慮しましょうって。

実際に世界平和の祈りをしていると、世界平和の祈りは浄めですから、お浄めしているわけ。私が中心になって、みんなが一生懸命にやって、みんなが自分で浄めているわけです。浄まっているのだから、浄まっているところを、わざわざ台風で荒らして浄める必要はないから、これは皆さんにおまかせしましょう、ハイさようなら、と行ってしまうのです。

一度ではダメだけれど、二度も三度も四度も同じことがあれば、そこに何か科学的な力が働いている、ということになるでしょう。祈りの力というのは科学的な力なのです。なぜかというと、祈りというのは生命《いのち》を開くということです。生命《の》を宣りあげる、生命を宣言《せんげん》する、生命を光らせる、という意味ですね。生命というものは神様から来ているものだから、祈りというのは、神様をそこに現わすという意味なのですよ。神様が現われれば、神様は完全円満なのだから、その現われたところが不完全になるわけないでしょう。だから台風もスッといってしまうのです。

普通で言えば、地震があると言ったって、嵐があると言ったって、どこに来るか分かりはしないのだから。逃げると言ったって、どこへ逃げたらいいか分からないでしょう。東京を逃げて名古屋に行ったら、名古屋にあったり、名古屋から大阪に行ったら、大阪にあったりするかもしれない。やられる運命になっているものは、どこに行ったってやられるのですよ。地震でつぶされて死ぬ運命になっているか、嵐にあって飛ばされる運命になっているか、そういう運命になっていれば、どうやったってダメでしょう。

ところがダメでない方法があるわけです。どこに行けばいいか。神様のみ心の中に入ってしまえばいい。神様の中に入ってしまえばダメではないですよ。神様の中は完全円満なのだから、神様は光だけなのだから、完全円満の中に、光の中に逃げこんでしまえばいいでしょう。

自分の行ない、日常生活の中で、誰も憎まない、どんな悪いことを自分にしてきても「有難うございます、あの人は完全円満だ」と拝めるか、拝めるのが一番いいのだけれども、拝めるわけにはなかなかいかないわね。これは余程の達人でなければ出来ない。そこまでいかなくても仕方がない。自分の力で肉体生活の中で完全円満な姿を現わそうとしたって無理でしょう。だから私はまけて、少しぐらい不完全でもいいから、肉体を持っているのだから、そう完全にはいかないのだから、不完全な分も、世界平和の祈りで神様の中に入れてしまえば、完全になってしまうでしょう。

世界平和の祈りをしていれば、そこは完全な光が輝いているのですよ。だから地震が来ようと、嵐が来ようと、その人たちはやられませんよ。やられない人が大勢集まっていれば、集まったところはやられないではないですか。そうでしょう。大勢の世界平和の祈りの同志が、一日も早く出来れば、日本中が世界平和の祈りをやっていれば、日本中どこにも災害がなくなることになるのです。あったって大したことはない。それは過去世や因縁がちょっと消えてゆくくらいのもので、大したことはないのです。

そこでまず皆さんは、毎日毎日、朝から晩まで世界平和の祈りをやっている同志なのですから、だから自分たちは災難は無いのだ。と決めてかかっちゃうのですよ。それは絶対にそうなのです。そういう信念の人が多ければ多いほど、災害は少ないのです。みんなおまかせして「神様のみ心の中にあるのだ、神様がみなうまくやってくれるのだ」という気があれば、うまくゆくのです。

それと同じように、この世の生活をするのにも、「世界平和の祈りで神様の中に入ってしまっていれば、神様の自分がするのだから、間違ったことが出てくるわけはない。自分の生活に間違ったことが出てくるわけがない。もし出てきたら、それは過去世の因縁が消えてゆくのであって、本当の自分がますますよくなるために出てきているのだ」ということになるわけですよね。

一切合切《がっさい》、悪いものを認めないわけだね。わざわざ認めないわけではなく、消えてゆく姿として認めないわけなの。わざわざ見てはいけない、というのではつけやきばでダメです。「ちょっと悪いですが、一万円ばかり貸してください」「ああ悪い人はないのだ」と貸したところが、返ってこなかった。そういうのが随分あるのですよ。無理無理見ようとしたっていけません。そこで私は「消えてゆく姿」と言うのですよ。

悪いものは消えてゆく姿。消えてゆく姿ということが本当に分かると、本当に悪いことは出てこないのです。消えてゆく姿で世界平和の祈りの中に、みなやってしまえば、そのあとは全部空《から》っぽになって、中は神様だけになってしまう。いいものだけになってしまうから、何も出てこない。

自分の環境として現われてくる、すべての運命というものは、全部、自分の心の中にあるのです。自分の想いの中にあって、自分が創っているものなのですよ。私は病気になりたいなんて思ったことはない、と言ったって、病気になる種《たね》があるわけ。自分が不幸になりたいと思わないのに、不幸になるというけれども、過去世から溜まっている不幸になる想い、怖れる想い、不調和な想いがあるわけなのです。だから自分のところに現われた運命は、すべて自分の創ったものなのだから、一応、そういうふうに思って、現われてきたものをひっくるめて、世界平和の祈りの中に入れてしまうのです。

世界平和の祈りは神様のみ心の中の大光明だから、大光明が想いの中に入ってきて、想いの中から現われてくる環境というものは光明化するわけですよ。知らないうちに光り輝く自分になってくるわけです。それには時間がかかるかもしれませんよ。けれども光明化してくるわけです。そういう人が多くなればなるほど、日本は早く救われるし、日本が早く救われれば世界も早く救われることになるのですよね。

皆さんが思ったことは必ず実現するのです。あのやろう殴《なぐ》ろう、と思えば、必ず殴るのですよ。ただしそう言うと、ああ私はあの人を恨んだから、恨まれちゃう、とそういうふうに逆に思う人がいるでしょう。思ったことがいいことなら実現してもいいけれども、悪いことは実現したら困りますね。そこで、悪い想いが出たらば、それを世界平和の祈りの中に入れてしまって、消してしまわなければいけない。悪い想いを出したらすぐ、消してしまわなければダメです。消す方法は世界平和の祈りなのです。

今まではそれがなかったのですよ。

悪い悪いを出せば、悪いことは潜在意識に残って、必ず自分に悪いことが現われてくる。恐れるものはみんな来たるだから、恐れる心があれば必ず恐れる状態が現われてくる。実際それは確かなのですよ。消さなければ現われてくるのです。だから消してしまえばいい。

消すにはどうしたらいいかというと、世界平和の祈りの中に、悪い想い、しまったという想いを入れてしまえば、世界平和の祈りの中で消えてしまうのですよ。いくら恐れても、いくら嫌がっても、どんなに不平不満に思っても、それを世界平和の祈りの中に入れてしまえば、消えてしまうのだから、一遍やったことを、二度三度と繰り返さなければいい。仕方なくそれを繰り返したら、それをまた消してしまえばいいわけです。

いつでも世界平和の祈りの中に入ってしまえば、その人には不幸がない、ということになるのです。

質問　人の顔をみると、因縁の深そうな、いわゆる〝因縁色〟という顔色があるように思えますが、それと幽体との関係を教えてください。

答　因縁の深そうな顔をしている人がいますね。業《ごう》つくばり、という言葉があるように、業が深い、業想念の強いような人は、そのような顔をしている。すごい美人でもって、すごい悪いのもいるからね。普通の場合は分からない場合があるのです。私たちが観《み》ればすぐわかるけれども。幽体が汚れているのです。

世界平和の祈りをしておりますと、顔色の悪いような人でも、だんだん顔色がよくなってきます。誰が見ても、あああの人いい顔色になったな、という人が随分あるわけです。世界平和の祈りをしておりますと、神界の光がそのまま入って、幽体を掃除してくれるから、知らない間にいい顔になってくるのです。顔から光が出てくるんです。幽体がきれいになるからです。だからなんでもいいから、幽体をきれいにする、潜在意識をきれいにする。きれいにするということは、常にいいことを思うということです。いいことばっかり思えばいいのですよ。

さっきもどなたかが「私は近頃、どんなことが出てきても、それは自分にとって一番いいことなのだ、と思えるようになった」とおっしゃったけれど、これは偉いことなのですよ。どんな悪いことが出てきても、どんないいことが出てきても、それは自分にとっては一番いいことなのだ、というように思えるようになったと言うのです。とてもいい心境なのです。

どんなことが現われても、それは自分にとっては一番いいことなのだ。まして世界平和の祈りをしていて現われてくる事柄に、悪いことがあるわけがない。もし悪いようなことがあったらば、それは過去世に借金があって、借金を軽く返したというこ と。消えてゆく姿ということですね。それで後《あと》からは、いいことが現われてくるに決まっているのです。ですから、どんな悪いことが現われても、自分にとっては常にいいことなのだ、つまり日々是れよい日ばかりなのだ、と思えるようになることは信仰の一番の極意です。

いつでもいいことなのだ、どんなに自分に都合の悪いことが現われても、それはいいことなのだ、とサッと思えるようになれば、それは達人なのですよ。そういうふうになることが大事なのですね。それはいつもいいことばかり思っているから、潜在意識がきれいになって、いいことばかり思う。いいことばかり溜まってくる。

いいことというのは光なのだから、光で幽界がきれいになる、潜在意識がきれいになる。そうすると悪いものは出てこようたって、出てくることはないですよ。自分の中がきれいになっていれば、外からいくらやられたって、こちらは参《まい》らないのです。向こうからやってくれれば、向こうは浄まるだけなのです。どんなものでも浄まるだけなのです。だから自分の潜在意識をきれいにする。きれいにするためには、悪いことを思ってはいけないの本当は。いいことばかり思う。いつでも幸福感を感じなければいけないのだけれども、なかなか人間はそうはいかないでしょう。そこで悪いことが現われた時には、それを世界平和の祈りの中に入れてしまいなさい。世界平和を思う余裕さえなかったら、五井先生！　と思えばいい。

五井先生！　と思う余裕もなかったら、バカヤロウでもいいと言うのだ。「五井のバカ野郎」と言った人もあるのだから、そう思っても構いはしない。なんでもその時、バーンと強くつながればいいのです。悪いことを思っても、神様の中に入ってさえいればいいのです。「神様、バカヤロウ、このヤロウ」と言ったっていいのだ。なんでもいいから、どういう想いでもいいから、神様の中に入りさえすればいいのです。

そうすると悪く思おうと良く思おうと、そんなものは神様のほうで、消えてゆく姿で消してくれるのです。そうしてゆくと、世界平和の祈りが自然に出来たりするのです。そうやってゆくと、いつの間にか潜在意識がきれいになり、幽体がきれいになってゆく。きれいになってゆくということは、幽体が霊体になり、神体になっているということと同じなのですよ。そうなると、いつの間にか神様の微妙な働きが、肉体を持ったままで現われてくる、ということになるのです。

宇宙人というのはどういう人かというと、神様のみ心を肉体を持ったままで、肉体ではない、本当は霊体なのですね。あるいは幽体かもしれない。霊体幽体を持ったままで現わせる人なのですよ。しかし宇宙人の現わす肉体というのは、普通の肉体とは違うのです。波が違う。うんと微妙な波なのです。

皆さんは世界平和の祈りを日々しておりますと、宇宙人の持っている波動と同じような波になってくるのです。そうすると、この世の中に生きていても幸福だし、亡くなって霊界に行っても、あるいは他の星の世界に行っても幸せになるのですよ。だからいつでも神様の波と同じ波を自分は出していなければならない。

今までの肉体の人間というものは、肉体の生活ばかり思っている。物質ばかりに執着しているから、肉体の粗い波動を超《こ》えることは出来ないのです。しかし皆さんは世界平和の祈りという素晴らしい祈り言《いのりごと》を覚えたのだから、祈っていると、いつの間にか日常生活そのままにしていながら、波が細《こま》かくなって、神様と同じ波になってゆく。神様と同じ体になってゆくわけですよ。そうするとこの体のままでいても、不幸せにはならないし、この世の体がなくなって、幽界に帰っていっても、いい所に行くより仕方がない、ということになるのです。

やっぱり自分の運命は自分が創るのですよ。自分が創るのだけれども、いい運命を易しく創れるのは何かというと、世界平和の祈りだということなのです。

質問　幽体には色がありますか？

答　あります。色というのは二つあるのです。一つは人の魂の高さを現わす光の色。もう一つは感情を現わす色があります。

魂の高さを現わす色というのは、幽体ばかりでない、霊体、神体を通してですけれど、オーラといいますね。私などが統一していると、ここが金色になったり、白光になったりします。霊能者には見えます。魂の色ですね。その色には金色もあれば、紫もあれば、緑もあれば、青空の澄んだ青もあり、いろいろあります。その色も軽い色になればなるほど高いのです。白光なんていうのは高級神霊の色でしょう。白光というのは軽い色ですからね。雑なものが入っていない。

紫なんかもいいです。軽い色です。鈍《どん》重な重たい色というのは低いのです。

感情の色というのは、たとえば恋をしている時には紅色になったり、怒っている時には青くなったり、というような感情を表わす色がある。だから二種類あって、霊魂の色とその場その場の感情を現わす色とあるわけです。感情の色と霊魂の色とを間違える人がありますが、別です。

愛の色というのは真赤でなくて、鴇《とき》色、ばら色のような、とてもいい色ですよ。

幽体というのは本当は中にあるのです。説明上、肉体の外側にあるように言うわけですが、こういう形ではないのです。難しいね。仮に真上から縦に見ればいい。中に幽体があって、霊体があって、神体は一番中にあるのです。形で言えば外にある。この肉体も形ではなくて波なのです。波が現われているだけでしょう。ああ、むずかしい、どう説明していいか……。

波が現われているだけで、形でみると、外に幽体があって霊体があって神体がある、と言うけれど、実は逆なのです。この中にあるわけです。

たとえばこれくらいの波が肉体とするでしょう。幽体はもっと細かい。霊体は幽体よりもっと細かい。だから固まっていないから、この中に入れるのですよ。皆さんがここにいると、霊人が同時にたくさんいるわけですよ。だけど皆さんは分からないでしょう。別にさわられても分かりはしない。分かる人は霊能的な人です。感じやすい人と感じない人があって、感じない人は感じない。「バカ!」と叩かれたってなんでもない。一緒にいるのだけれど波が細かいから分からない。

細かい波が感じられるように、常に幽体に想いが入っている人は感じるわけなのです。それを感じるのが良いのか悪いのかは別問題。本当を言うと感じないほうが楽だからね。面倒くさいことがある。感じてもいいから、幽体に感じるよりは、自分は神体になってしまえばいいのですよ。世界平和の祈りの中にいつも入りこんでしまって、神様の感じ方になればいいのです。そうすれば感じた時に、向こうは浄まってしまう。菩薩行といって、皆を救うことになってしまうわけですね。

人間って全く面白い。こんな固まり（肉体のこと）が並んでいるわけではないんですよ。波がいっぱい交差しているのですよ。それで波の合う人が仲よくなったり、波の合わない人が喧嘩したりしているのです。波なのです。光の波と業の波がまざっているわけです。それを光の波一元にすれば、神の国、地上天国が出来るわけなのです。

光一元にするためにどうしたらいいか、と言ったら、業想念を無くすればいいでしょう。業想念を無くすること、それを空《くう》というのです。業想念を無くすために、世界平和の祈りに入れてしまうと、世界平和の祈りの大光明が業想念を消してくれる。そうすると、みなが神様一元、光一元の人間になってくるわけです。そうするといろいろなことも分かります。

そのようにみんななっちゃうわけなのね。そういうのが宇宙人なのですよ。金星の人なんかみんなそうなのです。私がみんなの心がわかるように、会わなくても、その人がどこにいても「あの人はこういうふうに思っている」と分かるように、こうやったままで分かるのです。宇宙人というのは、私のような人ばかりなのです。

そういうような人にみんながなるわけです。そういう世界が来ればいいに決まっているでしょう。私がみんなの不幸を願うわけがないに決まっているし、みんなの幸福ばかり思っているに決まっているでしょう。みんなの幸福ばかり思う人が集まれば、地上天国が出来るのは当たり前じゃないですか。こんなことソロバンをはじかなくたって分かることです。皆さんがだから、いつでも人のことを思えるような人間になっていれば、皆さんの住んでいるところは地上天国なのですよ。

それをいちいち思うのでは面倒くさいから、世界平和の祈りの中にみんな入ってしまえば、世界平和の祈りから自分の行ないが定《さだ》まってくるわけです。神の行ないとして定まってくるわけです。それで世界平和一念にしなさい、というわけなのですね。そういうわけでございます。

すべては人を救うための魂の経験

（昭和35年9月8日）

神様有難うございます

皆さんがこの統一会に来ている場合に、先祖や親類縁者の亡くなった人たちが救ってもらいたくて頼ってくることが随分あるんです。その時にAさんがここに来れば、その人は一つも苦しまなくて済んでしまうんです。ところがそうではなくて、やはり一応知り合いのところに止まって、それからこちらへ来るようになっている。やはり縁がないと、私に直接来られない場合があるんです。だから誰か私のところに来ている人に触れてくるわけです。

触れられた人がその時、少しお腹が痛くなったり、頭が痛くなったりする場合があるんです。私のところに来て、スッと治ってしまう場合もあるし、暫く止まっている場合もあるんです。二、三月も止まらないで、スッとこっちに来ちゃったほうがいいじゃないか、と思うわけなんです。そうはならない場合がある、どうしてかというと、魂の錬磨をするわけなのね。マラソンとか競泳する場合に練習しますね。それと同じように、練習しているうちに魂が力が出てくるわけです。練習することによって、艱難《かんなん》があればあるほど力が出てくるわけなんです。なんにもしないで、やすやすと救われちゃうと魂の力が出ない。人を救うことの練習が足りない、経験がないわけなんです。すると人を救うような立場にいつまでたってもならないんです。

そこでやはり一応は自分が受け止めて、自分の魂で出来る限りをやるわけです。これは無理だなァと思うと、守護霊さんが私のほうにパッとよこしてしまうんです。そうすると私が引き受けちゃう。それまでは自分でやらなきゃならない。

学校でもそうでしょう。小学校から中学校、高校、大学と上がるわけですが、みんなお父さんやお母さんがやってしまってごらんなさい。なんにも身に付かない。卒業して社会へ出ても何も出来ない。それと同じように自分で勉強して、自分で苦心して、辞書でも引いて自分で勉強する。そして足りないところはお父さんやお兄さんが助太刀してやるわけでしょう。宗教の世界でもそれと同じこと。しかし肝腎《かんじん》要《かなめ》の危ない時には、必ず神様が救ってくださるわけ。守護霊守護神のほうで必ず救ってくれて、これじゃいけないから五井先生のところへ行け、といって私のところに連れてくる。私が引き受けてグーッとひき上げてしまうわけです。

だからみんな何が頼ってきても、一つも心配することはない。最後には五井先生に来ることは決まっていますから。ちょっとやそっと肩が痛かったり、お腹が痛かったりしても、何がきたってそんなものは問題じゃない。消えてゆく姿だから直るに決まっている。そこで〝消えてゆく姿〟という教えがあるのです。

本当は完全円満なんだから、自分も迷っているわけでもなければ、迷っているものもなんにもないわけなんです。ないわけなんだけれども、迷っていると思ってい

る想いが迷いとして残っているわけなんですね。そこで頼られたほうの人間が〝あ
あみんな消えてゆく姿なんだ、みんな神の子で光り輝いているんだ〟ということが
本当に分かれば、近寄ったものがみんなそのまま、光が行くから浄まっちゃうわけ
です。

そこまでなかなか思えないですからね。ああ光り輝いている自分なんだ、とスー
ッと思える人はなかなか居ない。そこで五井先生と言ってこっちへよこすわけです。
そうすると私のほうから光が行って、ある期間の経過はあるけれども治ってしまう。
その時間経過の間だけ、自分でもって錬磨されるわけです。

飛んだり、跳ねたり、大声で叫んだりする人もあれば、固くなって倒れてしまう
人もあれば、いろいろな人がいるんですよ。私がそういう経験をしていないと、そ
の場で光を当てる役目として分かっていても、やっぱり気持ち悪くていやでしょ。
ところが私はそういうことをよく知っているんです。いろんな人を見て、いろんな
体験をしていますから、霊障のことは守護神が私にいろんなことをさせましたから、

大体みんな知っているんです。こういう形はこうだ、と体験としても知っています。だからこれは何時間、これは何年かかるということが分かるんです。それでどんなに飛び上がろうと、跳ねようと、騒ごうと、息が出来なくなろうと、ニコニコやっておられる。それは自分に自信があるから。経験を積んでいるから。

経験を積んでいない、ただ知識だけで仏教哲学をやった人はお坊さんでもたくさんあります。そういう人のところへ霊的な人が行って、急にピーンと固くなってごらんなさい。坊さんどうしていいか分からない。お経などをあげても間に合いやしない。息が出来なくなっちゃったという時には、長いお経をあげても間に合わないですよ。体験を積んだ人はこういう時はどうやればいい、ということが分かるんですよ、自分の体験から。そこでその人に一番必要な体験を積ませるわけですよ。

いろんな体験を万般積んで、初めて仏になるんです。体験を積まない仏様はないんですよ。菩薩になるんだって、過去世においていろんな体験を積み、今生においても体験を積んで、どんなものが来ても大丈夫だというんで菩薩になるんですからね。だから自分がちっとも勉強しないで、他の人がみんな代わりにやってくれて大学を出たような人は、サァ今度は生徒を教える時に教えられないでしょ。自分が分からないから。自分で苦労してやった人は分かります。どんなことでも教えられる。どういう問題も解けるわけですから、皆さんのところにいろんな障りが来たりする場合でも「ああこれは私の魂の力をつけてくださるんだ、私に体験をさせてくださるためなんだ、有り難いなァ」という気持ちになりますと、体験がすんでしまう。感謝で受けると、それはもう卒業なんです。

学校でも三年なら三年、五年なら五年と決まっていて、その年限を越えなきゃダメでしょ。悟りへの道というのは感謝すればそれでいいのです。どんなすごいことが来ても感謝して「ああ有難うございます」となると、段階が一段階こえたことになるんです。その環境で魂もすっかり満足すれば「有り難い」となる。有り難いなァという気持ちが出ると、一段階上がるんです。有り難いなァで一段階、楽ですよね。毎日だって出来る。有り難いなァ有り難いなァとやればいいんですから。それは私などの経験でもそうです。

神様有難うございます、有難うございます、寝ても覚めても神様有難うございますだけやったんだから私。その時は消えてゆく姿はないんだからね、世界平和の祈りもないんですよ。「神様どうぞお使いください」って神様に命を投げ出してから、あとは何をしたかと言ったら「神様有難うございます、神様有難うございます」電信柱にぶつかっても有難うございます。蹴とばされても有難うございます、悪口言われても有難うございます、なんでもかんでも有難う。わざわざやっているんじゃないんですよ。「有り難い！」と出てくるんです。そういうふうになっちゃって、有り難いと思うたびに一つずつ上がって行った。

その前にある行者が私のことを見た。その時私が恋愛かなんかしている時なんだ。どういうわけか宗教をやっている人は、恋愛なんかいやがるんです。恋をしたりすると、それは迷っていると言う。迷っているんじゃない。恋だって体験だからね(笑)。私が「どれくらいで悟れますか？」と聞いたんです。そしたら「悟りなんて大変だ、何段階も何段階もあって、なかなかお前なんか悟れない」とその人は言った。その時、別に私はなんとも思わなかった。ただ有難うと思っていた。そう行者に言われて間もなく、パッと、それから一年も経たないうちに悟ったんですよ。

行者がなんと言おうと、行者には分からないだけであって、自分がやりさえすればいい。何をやればいいかというと「有難う」だけでいっちゃった。神様有難うございます、有難うございます、だけでスーッと上がっていった。行者は何を見たかというと、恋愛している、あの人に会いたいな、というのばかり見ちゃった（笑）。しかしそれは消えてゆく姿なんです。いつの間にか「有り難いな」で、上のほうに行っちゃったんです。そういうもんですよ。

そうかと思えば、人相見に「あなたは何をやってもダメだ」と言われた。「何をやっても成功することはない」と言われた。その人が今の私に会ったらなんて言うかしら。ああ大凶が大吉に変じた、なんて言うかしら。それなら見てもらわなくたって同じでしょ。だから私は、いろんな占者や姓名学に見てもらったりすることはない、と言うの。そんなの分かりゃしないんだから。みんなが業因縁を超えればいいんだから、三界を超えればいいいんだからね。三界を超えさえすればみんな悟るんです。占いで見るのは因縁の世界。それが無くなれば思いもかけないことになるんですよ。

ですから皆さんが、たとえば行者になんと言われようと、姓名学でなんて言われようと、どんな人になんて言われようと、自分は世界平和の祈りの中に入っていれば、みんな因縁の波が消えちゃうんだから、みんな外れてしまいます。悪いことは全部はずれちゃうんですよ。だからもう恐がりもしないで、怖れもしないで、不平不満も言わないで、不満足があったらみんな消えてゆく姿にして、世界平和の祈り一本に入ってゆけば、誰も彼も救われる。誰も彼も生きていながら菩薩様になり、死んでゆけば神界にゆく。

こういうことになるんです、そういうものなんです。だから安心して世界平和の祈りさえやっていればいいい、ということになるんです。

参考資料

人間と真実の生き方

人間は本来、神の分霊であって、業生《ごうしょう》ではなく、つねに守護霊《しゅごれい》、守護神《しゅごじん》によって守られているものである。

この世のなかのすべての苦悩は、人間の過去世《かこせ》から現在にいたる誤《あやま》てる想念が、その運命と現われて消えてゆく時に起る姿である。

いかなる苦悩といえど現われれば必ず消えるものであるから、消え去るのであるという強い信念と、今からよくなるのであるという善念を起し、どんな困難のなかにあっても、自分を赦《ゆる》し人を赦し、自分を愛し人を愛す、愛と真《まこと》と赦しの言行をなしつづけてゆくとともに、守護霊、守護神への感謝の心をつねに想い、世界平和の祈りを祈りつづけてゆけば、個人も人類も真の救いを体得出来るものである。

世界平和の祈り

世界人類が平和でありますように
日本が平和でありますように
私達の天命が完うされますように
守護霊様ありがとうございます
守護神様ありがとうございます

〈宇宙神―直霊―分霊について〉

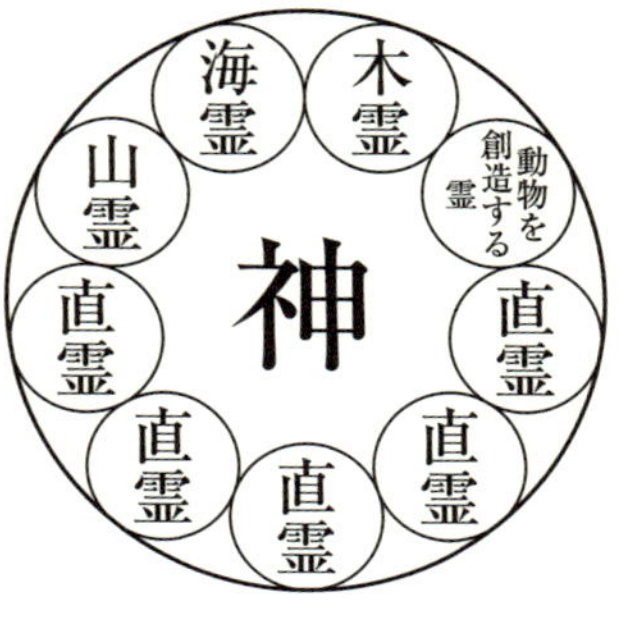

第１図

宇宙神（大神様）は、まず天地に分かれ、その一部の光は、海霊、山霊《やまだま》、木霊《こだま》と呼ばれ、自然界を創造し、活動せしめ、その一部は、動物界を創造し、後の一部の光は、直霊《ちょくれい》と呼ばれて、人間界を創造した。（第１図）直霊は、各種の光の波を出し、霊界を創り、各分霊《ぶんれい》となり、各分霊が直霊より分けられた光（心）により創造力を駆使して幽界、肉体界を創造した。その過程において、各分霊は、自ら発した念波の業因《ごういん》の中に、しだいに自己の本性を見失っていった。

　そこで、直霊は自己の光を分けて、分霊たちの守護神となし、守護神は、最初に肉体界の創造にあたった分霊たちを、業因縁《ごういんねん》の波から救い上げた。この分霊たちは、守護霊となり、守護神に従って、ひきつづき肉体界に働く後輩の分霊たち（子孫）の守護にあたることになった。そして分霊の経験の古いものから、順次、守護霊となり、ついには各人に必ず一人以上の守護霊がつくまでになって、今日に及んでいる。（第２図）

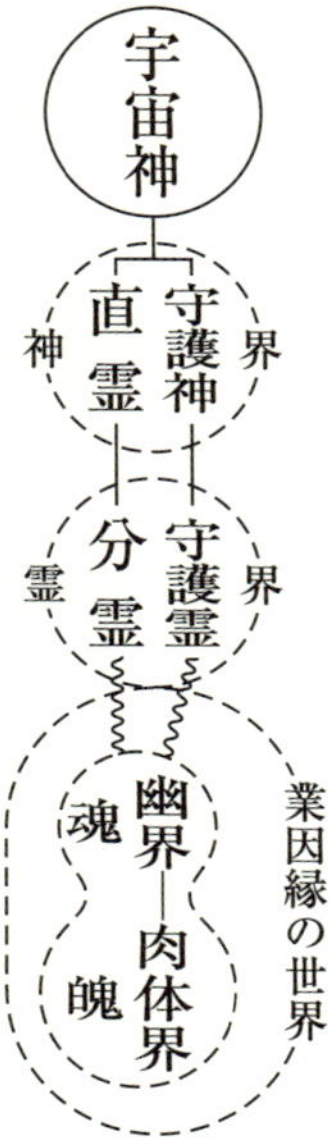

第２図

著者紹介：五井昌久（ごいまさひさ）

大正5年東京に生まれる。昭和24年神我一体を経験し、覚者となる。白光真宏会を主宰、祈りによる世界平和運動を提唱して、国内国外に共鳴者多数。昭和55年8月帰神（逝去）する。著書に『神と人間』『天と地をつなぐ者』『小説阿難』『老子講義』『聖書講義』等多数。

発行所案内：白光（びゃっこう）とは純潔無礙なる澄み清まった光、人間の高い境地から発する光をいう。白光真宏会出版本部は、この白光を自己のものとして働く菩薩心そのものの人間を育てるための出版物を世に送ることをその使命としている。この使命達成の一助として月刊誌「白光」を発行している。

白光真宏会出版本部ホームページ　http://www.byakkopress.ne.jp
白光真宏会ホームページ　http://www.byakko.or.jp

講話集5　いい時に生まれた

平成二十七年八月二十五日　初版

著　者　五井昌久
発行者　吉川　譲
発行所　白光真宏会出版本部
〒418-0102　静岡県富士宮市人穴八一二―一
電　話　〇五四四（二九）五一〇九
FAX　〇五四四（二九）五一一二
振替　〇〇一二〇・六・一五一三四八
東京出張所
〒101-0064　東京都千代田区猿楽町二―一―十六　下平ビル四〇一
電　話　〇三（五二八三）五七九八
FAX　〇三（五二八三）五七九九
印刷所　加賀美印刷株式会社

乱丁・落丁はお取り替えいたします。
定価はカバーに表示してあります。

ISBN978-4-89214-210-9 C0014

五井昌久著

白光への道

本体一三〇〇円＋税　〒250

宗教の根本は、人間をあらゆる束縛より解放することにある。この書は、自分をゆるし人をゆるし、自分を愛し人を愛す、自分も人も責め審《さば》かない万人の救われと悟りへの道を説き、本心への復帰をうながす。

霊性の開発

本体一六〇〇円＋税　〒250

人間は本来、肉体ではなく霊性である。この真理を知らぬ限り、業生の中の輪廻転生が続き、人間の真の救われはない。本書は日常生活そのままでいて出来る、やさしい霊性開発の方法を明示する。

愛・平和・祈り

本体一四〇〇円＋税　〒250

「愛について」「平和について」「祈りについて」平和哲学と平和運動の根本精神が清明な筆でつづられる。著者の日頃の思想の結晶。

神は沈黙していない

本体一六〇〇円＋税　〒250

専門の宗教家の一部にも、神に疑いの目を向け、信仰を失いつつある者のある時、著者が真っ向から〝神は沈黙していない、常に人間の祈りに答えている〟と発表した作。人間の真実の生き方に真正面からとりくんだ書。

高級霊《ハイスピリット》は上機嫌

本体一四〇〇円＋税　〒250

in high spirits――上機嫌でいつも明るく朗らかな人はハイスピリットです。不機嫌な時代に生きるハイスピリットさん。本領を発揮すれば運命が開けます。常に機嫌よく明るくあるにはどうしたらよいか、人生の達人の著者はその方法をやさしく教えてくれます。

＊定価は消費税が加算されます。

五井昌久著

講話集1
神様にまかせきる
本体 一六〇〇円＋税 〒250

この世の不幸など恐がることはない。あなたが今、人生のどん底にあろうともそれが永遠に続くことはない。悩みや苦しみを真に乗り越える方法――「消えてゆく姿で世界平和の祈り」について易しく、明快に説く。

講話集2
みんな救われている
本体 一六〇〇円＋税 〒250

人間はこれから救われるのではない、はじめからみんな救われているのだ。そのことを知れば、運命をも変える人間本来の神の力が湧いてくる。人生を一八〇度好転させる一冊。

講話集3
自分も光る人類も光る
本体 一六〇〇円＋税 〒250

自分だけが良くなればいい、という考えは業想念。業想念を消えてゆく姿として、本当の自分の生命（いのち）を光らせる生き方を易しく説いた大光明の一冊。

講話集4
想いが世界を創っている
本体 一六〇〇円＋税 〒250

自分の運命は、神様の生命の力を使って、自分が創ってゆく。地球の未来と自分の運命を変えてゆく、消えてゆく姿で世界平和の祈りについて分かり易く説き明かす。

我を極める
――新しい人生観の発見
本体 一六〇〇円＋税 〒250

人間はいかに生きるべきか。我を極めた先にあるのは、個人と人類が一体となる世界平和成就の道だった――。「世界平和の祈り」の提唱者・五井昌久が語る宗教観、人間観。

五井昌久著

自然シリーズ
大生命の絵巻1・2・3
各巻本体　一四〇〇円＋税　〒220

人間の知恵を超えた宇宙大自然の営みの神秘不可思議さがここにある。宗教家であり詩人でもある五井昌久が、四季折々の自然の循環を見つめ、そこに宿る宇宙法則の美しさ、天地の理を説き明かした随想集。

大　決　意
本体　一六〇〇円＋税　〒250

生きる姿勢を決める。これこそ決意中の一大決意。日々の心の姿勢が、知らぬ間に将来の自分を選び取っているのだ。平安で力強い日々の心を獲得するにはこうすれば良いと、無理のない具体的な指針を全編にわたって示す。

詩集　ひ　び　き
本体　一四〇〇円＋税　〒250

宗教精神そのもので高らかにうたいあげた格調ある自由詩と短歌を収録。一読、心が洗われる。

歌集　冬　の　海
本体　一八〇〇円＋税　〒250

心を練って言葉を練れ、言葉を練って心を練れ、歌は心であると透徹した心がうたう世界平和、信仰、神、人生など三六三首の短歌を収める。

歌集　夜半《よわ》の祈り
本体　一八〇〇円＋税　〒250

祈りによる世界平和運動を提唱した著者が、天地自然の美を最も単純化した表現で詠む。各歌の底にひびきわたる生命の本源のひびきが現代人の心に真の情緒を呼び覚ます。晩年に発表した作品を中心に三三〇首を収録。

＊定価は消費税が加算されます。

西園寺昌美著

ドアは開かれた
——一人一人の意識改革
本体　一六〇〇円＋税　〒220

ついに世界は歴史的転換期を迎えた。輝いた未来をひきつけるのは一人一人の意識の力。今を生きる私たちが、神性復活への道を選択することで世界は変わることを明示した書。

果　因　説
——意識の転換で未来は変わる
本体　一六〇〇円＋税　〒250

果因説とは、因縁因果の法則を超越し、全く新たなイメージで未来を創り上げる方法です。もう過去に把われる必要はありません。果因説を知った今この瞬間から、新しい未来が始まるのです。

人　生　と　選　択
本体　一六〇〇円＋税　〒220

人生と選択２
本体　一五〇〇円＋税　〒220

二〇〇四年に各地で行なわれた講演会の法話集。自分の望む人生を築くには瞬間瞬間の選択がいかに重要であるかを分かり易く説き明かす。

世界を変える言葉
本体　一四〇〇円＋税　〒250

一人一人は瞬々刻々、世界に大きな影響を与えている——。人々が何気なく口にする「言葉」の持つ力について明確に解説した書。

我《われ》　即《そく》　神《かみ》　也《なり》
本体　一六〇〇円＋税　〒250

あなた自身が神であったとは、信じられないでしょう。だがしかし、それは確かに真実なのです。人類も一人残らず本来神そのものであったのです。私達は究極は神なのです。